立人天地

体育
知多少

鲍志萍 著

中国体育巅峰时，世界还一片寂静

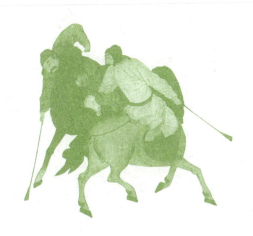

黑龙江教育出版社

前 言 | PREFACE

　　原始人把兽皮制成圆形，塞以毛发，追球奔跑、踢踏。此乃蹴鞠之前身，古代足球，既能锻炼腿力、体力，又能畅快心情。这是一种娱乐体育。

　　战国人善于观察生物，发明了仿生物体操"熊经鸟伸"，一时模仿熊攀树，一时又模仿鸟展翅。这是一种养生体育。

　　南北朝的梁武帝，对弈不分时辰，"每从夜至旦不辍"。一次，他把对方熬得睁不开眼睛，竟趴在棋盘上睡着了。这是一种思维性的竞技体育。

　　明朝的少林寺僧人，多次抗击日本倭寇，致使倭寇一见他们，就慌忙躲避，害怕他们的棍法和拳法。这是一种武术体育。

　　清朝大将费古烈在一次驰援时，让士兵换上冰鞋，在嫩江冰面上疾驰，700里的路程只用一天一夜。这是一种军事体育。

　　体育的大致分类，不外乎于此。

　　"体育"，是一个外来语。它在100多年前远渡重洋来到中国。此前，中国人并不知"体育"二字。

　　尽管如此，我们的先人对体育项目却并不陌生。

　　人类最早认识体育，是从保护自身开始的。

　　在危险四伏的原始丛林中，一群古人苦恼地思考着：人还不如禽兽！

　　为什么呢？

　　因为人没有鸟的翅膀，不能高飞；人没有兽的四足，不能疾跑；人没有鱼的鳍鳃，不能游水……

　　显然，人要想活着，要想适应生存，就必须使身体做出一些改变。

　　如何改变呢？

　　原始人开始有意识地攀登，跳跃，速跑，游泳，潜水。在这个过程中，他们对抗野兽的能力增强了，在部落战争中更勇武有力了，体育也因此而源起了。

　　在苍茫的远古，原始人还发明了花样滑冰，深山中的戎人还发明了荡秋千。

　　他们还把滑冰、竞渡等应用到战争中。

这样一来，体育活动不仅具有了娱乐性，还具有了其他功能。这是人类文明的光斑在闪烁。

体育作为社会文化的一部分，与政治并行，与经济并行。

在唐宋之前，体育多为练兵，因而，风格猛烈，惊心动魄，极为震悚，运动员们常常冒着生命危险。

唐宋时期，社会繁盛，风气开放，体育多为消遣。皇帝也参加比赛，大臣也去拔河；还出现了女子马球手、女子蹴鞠手，盛极一时，异常火爆。

宋朝人对体育的认识，极为精当，认为"健体安身可美，喜笑化食堪夸，肥风瘦痨都罢"。在这种认识下，最早的"足球协会"问世了；最早的体育运动员商业演出诞生了。

宋朝以后，体育逐渐衰落，人的体质下降，社会风气变得文弱了。

当下，体育活动又被倡导，体育的功能和价值被深刻认识。因此，深入地了解古代发达的体育文化，是非常有必要的。

不知过去，无以知现在；不知过去，无以知将来。过去的事，就是故事，就是历史；还原历史，就是还原故事。《体育知多少》通过挖掘隐秘的故事，在妙趣横生中，掀开了历史的面纱。

鲍志萍

目 录|CONTENTS

第一章
在远古，体育是这样的

中国是世界上文化发展最早的国家之一，在人类史上，占有重要地位。早在170万年前，中国就已有人类活动。劳动创造了人，体育则伴随劳动而产生、伴随人类社会而发展。原始社会时期，蹴鞠（足球）、击壤（投掷）、武术等体育活动已经出现。

◎谍报活动中的体育

上古的时候，人烟稀少，野兽众多。世界仿佛是熊虎、毒蛇的家园，而人类反倒是配角。天地间，弥漫着浓重的腥臊味、恶臭味。恶劣的自然环境和生存条件，使人们普遍患病，寿命极短。于是，原始人类凑成一堆一堆的，共同抵抗禽兽，寻找食物，进行生产。

在这个过程中，体育出现了。

当原始人挖掘植物根茎充饥时，他们无意间进行了腹背肌肉的训练。

当原始人仰着头、举起手，采摘野果时，他们不自觉地采用了跳高的动作。

当原始人站在齐腰深的水中，用削尖的木棍叉鱼时，简单的投掷运动便产生了。

当原始人围捕、剥割野兽，以及制造工具时，他们对体能的激发便开始了。

除了从事这些笨重的劳动，原始人还有另外一项主要的社会活动，那就是进行武力活动，维护各自所在部落的利益。

在新石器时代，人类繁衍增速，荒野大泽中冒出许多大小不一的氏族。这些氏族为争夺适合生存的草场、河流等资源，经常发生攻伐与掠夺。而无论是围攻或防守、徒手或持械，都包含着体育元素。

当时，最激烈、最宏大的一场争斗，发生在黄帝部落与蚩尤部落之间。

黄帝与蚩尤，是古籍传说中记载的人物。黄帝属于夏族集团，活动在中原。他希望征服所有的部落，成为大首领。蚩尤属于黎苗集团，活动在长江中下游。他也有统领天下的大志。这样一来，一场战争就不可避免地展开了。

　　蚩尤之所以向黄帝发起挑战，还因为他的家乡经常爆发大洪水。他以为，洪水的发源地是干爽的，只要迁徙到那里，就可以避免水患，获得适于游牧和农耕的土地。而那里，正好就是黄帝部落的聚居地。

　　蚩尤派出大量氏族成员，潜往中原，打探有关黄帝部落的情报，以便进军。与此同时，黄帝也派出探子去侦察蚩尤。

　　双方的间谍，各自启程。他们白天休息，夜间行动，为避免引人注意，还要钻林子、越沟壑、跨险滩，在阴暗的荆棘茂林中开辟道路。由于原始时代蛮荒杂芜，他们需要借助跳跃、跳远等体育方式来完成这次危险的行动。

　　有时候，他们扯着结实的藤条，从山崖这头悠荡到那头，就像是在撑竿跳。

　　有时候，他们在深涧两头架起木头，从上面走过去，就像是在展现单杠技能。

　　有时候，他们为填饱肚子，用石子击打不远处的野鸡，就像是在掷铁饼。

　　在经历过艰难的跋涉和侦缉后，他们各自都收集到了情报。

　　蚩尤的情报人员发现，中原各部落内部存在纷争，有些首领过于文静，缺乏威武气势。黄帝的情报人员发现，蚩尤部落的武器非常先进。蚩尤在开荒时，挖出一种矿石，虽然不知道这就是铁，但却发现矿石遇火后变硬，便用它们制成了刀剑和矛戟。

　　根据这些信息，蚩尤和黄帝各自调整了军事部署。

　　黄帝的部下还提出建议，要制造大型战鼓，振作士气，震慑蚩尤。黄帝同意了，派常先、鬼容区二人监制。

　　常先和鬼容区琢磨着，海牛皮又糙又厚，最适合做鼓面。于是，他们招募了几个人下海去捉海牛。

　　这些史前的体育健儿，不具备输氧装置，也没有潜水服，更没有蛙鞋，他们赤裸裸地直接扑入深海，潜游、寻找、捕猎、搏击。

可见，远古时的游泳技术已经十分高超，潜水程度也非常了得。

经过50天的努力，黄帝部落制成了80面大鼓。

这时，蚩尤率领氏族成员也一路逼近。

从长江中下游行进到中原，距离十分遥远，道路极其坎坷，相当于一场高难度的马拉松。蚩尤军虽然悍勇威猛，但体能多少有些下降。

两军相遇，在涿鹿平原展开决战。蚩尤军拥有先进的铁制兵器，而黄帝配备的装备则是石刀、骨刀、石戈、石斧、石钺、石铲、石槌、木棒、木矛、火把等，较为落后。不过，黄帝部落发明了弓箭。

弓箭是一种远射武器。原始人在打猎时，会像投标枪一样投掷木矛。受此启发，黄帝部落砍下竹子，做成弹弓，然后，用小石子做成弹丸。之后，又经过改良，开始发射石镞、骨镞，以便击中更远的目标。

弓箭之于蒙昧时代，犹如枪炮之于文明时代，是历史的重大进步，是一种决定性的武器。

因此，尽管蚩尤勇猛，武器锐不可挡，却难以抗衡弓箭。在大规模的正面战场上，纷飞的箭雨让蚩尤的部下无处躲藏。

蚩尤戴着铜头铁额的装备，耳鬓如剑似戟，头上还有角。他为鼓舞士气，虎虎生风地闯入阵中，与黄帝打斗，"以角抵人"，旁人都无法靠近。

"以角抵人"——形

▼战国角抵石刻，还残留着远古的粗犷气息

陕西省长安战国墓出土铜牌雕刻画《角抵戏图》

容蚩尤在激烈地冲撞，徒手搏斗。

这是一种类似摔跤的较力行为，是体育活动——角抵的初级体现。汉朝时，"蚩尤戏"已成为公开的竞技活动。晋朝时，角抵又被称为"相扑"。

可是，蚩尤军此前刚刚进行过一场漫长的马拉松长跑，饱受辛苦，加之，又不适应中原复杂的地形、多变的气候，睡眠和饮食也得不到保障，因此，很多人都打不起精神，病弱疲惫。

在这种情况下，黄帝部落最终占据上风，蚩尤军大败，蚩尤被黄帝斩杀。

由于蚩尤身为"战争之神"，死后也令人畏惧。黄帝便将蚩尤的皮剥下，制成箭靶，使人射之；将蚩尤的胃取出，制成圆球，使人踢之；又将蚩尤的头发割下，制成旗帜，使人敬畏自己。

此后，黄帝的威望陡然增高，许多部落都来归附他。他继续东征西讨，扩充疆域。

行军打仗是个苦差事儿，需要良好的身体素质，黄帝为增强战斗力，决定寻找一种有效的军事训练方法。

他注意到，氏族成员经常踢石球游戏，石球被磨制得非常光滑、规则，直径从1.5厘米到6厘米不等，一群人踢来踢去，石球骨碌滚动，他们又跟着跑来跑去，不知不觉中锻炼了腿力、体力。

但石球也存在弊端，它很硬，会让脚很疼。于是，黄帝想出一个办法，他把兽皮做成一个圆形，在里面塞满毛发，代替石球。之后，再让士卒追球奔跑、踢踏。

而这种球，就是蹴鞠，即古代足球。它既能增强体质，又能宣泄情绪。

依靠蹴鞠及其他方法，黄帝训练出强有力的军队。他指挥生力军四处征伐，最终平定了天下，成为所有部落的首领。

战争平息了，但蹴鞠并未随之消失，而是一代代流传下来。有一个时期，民间还把它演变成类似于舞的运动，自娱自乐，广泛普及。

时至今日，有许多国家都声称，自己才是足球运动的诞生地。但历史学证据表明，事实并非如此。

1993年，时任国际足联主席的阿维兰热表示，中国才是足球的起源地。

2000年，新一任国际足联主席布拉特又说，足球从中国传到埃及，又从埃及传到希腊，传到罗马，传到法国和英国。

2004年，时任国际足联副秘书长的项伯涅再次宣称，早在欧洲出现足球之前，中国就已出现原始形式的足球，它就是蹴鞠。

扩展阅读

尧是黄帝的曾孙。尧在执政期间，发现儿子丹朱为人傲慢残忍，处世心胸狭隘，便制作出围棋，希望通过"棋道"来影响丹朱，使丹朱心地向善。这便是娱乐体育项目——围棋的起源。

◎驱傩：浩荡的越野接力

颛顼是传说中的五帝之一，他登上神位后，做了隔绝天和地通途的大事。

颛顼掌管三界之前，虽然天地已经分开，可仍离得很近，各地的一些高山和大树都可作为连接天地的天梯。神、仙、巫能通过天梯到达天庭，而一些人类智者和勇士也可凭借智慧与勇气由此登上天庭。

人与神的界限不是很明确，人有了冤苦事可以到天上去讨个公道，神仙也可随意下界玩耍。颛顼当上主宰神之后，认为人神混杂弊大于利，他害怕有神灵下凡，煽动世人与其作对，便下令将天地分开。这样，人再也不能登上天庭，神也到不了凡间，虽然不能再自由来往，却对天地的秩序起到了有利的作用。

颛顼有很多鬼儿子，一个变成疟鬼潜藏在长江，传播疟疾，让人发寒热、打摆子。

第二个则躲在若水里，变成童子模样的魍魉，常在夜间施法迷惑行人，诱使行人坠河。

第三个则藏在人家的屋角，变成小儿鬼，暗地里吓唬小孩，使孩子痉挛哭号。

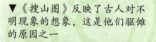

▼《搜山图》反映了古人对不明现象的想象，这是他们驱傩的原因之一

颛顼还有一个骨瘦如柴、生来爱穿破烂衣服爱吃稀粥剩饭的儿子。此子在正月三十死于陋巷，变成了穷鬼。

在凡间，穷鬼是凡人最怕的对象，一旦穷鬼上门，古人总要想尽办法赶走他。农历正月廿九是送穷鬼的日子，古人在这一天打扫屋子院落，把垃圾收拾起来当作穷鬼，要么将其投入河中，要么将其倒在街头。还有些地方的习俗是要在垃圾上插香、放花炮，俗称"崩穷鬼"。

为了对付那些喜欢惊扰小孩子的鬼，古人常于其整岁12月让祀官持傩驱鬼。

傩，就是原始人所跳的狩猎舞的演变形态；驱傩，就是以歌舞为基本形式来驱除鬼怪、瘟疫，消灾辟邪。

到了唐宋时期，每逢除夕夜时，古人都会组成驱傩队伍，戴着面具，身着彩衣，拿着武器和盾牌，扮演钟馗、夜叉、五道神将等，在大街小巷走出很远，载歌载舞。

驱傩的队伍浩浩荡荡，逶迤绵长，从城里直到城外。深更露重，冰天雪地，不时会有人退出队伍，停在路边；但也不时会有人加入队伍，补充进来。他们在原野上行走、呼喊、说唱，犹如一种越野接力。

在驱傩的过程中，古人还会做很多武术动作。这些动作都体现了体育元素，如砍杀、燃符、手诀、禹步等。

扩展阅读

古代嬉水戏"射鸭"也是一种体育形式。唐朝王建诗云："鱼藻池边射鸭，芙蓉苑里看花。"五代时的花蕊夫人作诗道："新教内人供射鸭，长将弓箭绕池头。"

◎击壤：远距离的投掷运动

击壤的前身，是原始人依靠投掷石头、木块来捕捉猎物。他们为了能更多地捕获飞禽走兽，会进行一些投掷训练，渐渐地，它也含有些娱乐性质了。

到了尧的时代，击壤变成了一种非常有趣的玩法。游戏者将长1尺、宽3寸，一端宽一端窄、形状像鞋底的木块作为"壤"。游戏开始后，先把一只壤放在地上，然后从30～40步开外的地方丢出另一只壤，若能成功地命中地上的壤，便是赢家。

击壤很受远古人的欢迎。尧在微服私访时，就遇到了一个击壤的老者。

尧走到一个叫康衢的小村子，见路上有一人，鹤发童颜，在专心致志地击壤。有旁观者有感而发，说太平盛世才有心情击壤，而太平盛世正是尧的创造、尧的功劳啊！

"壤父"却不领情，一边击壤，一边自编自唱，大意是：我每天都在太阳升起后下地劳动，在太阳落山后归家睡觉；我自己凿井打水，自己种植粮食饱腹，这一切都与尧有什么关系呢？

这首小曲，后来被称为《击壤歌》。

旁观者听了，纷纷指责"壤父"傲慢无礼。尧却微笑着称赞"壤父"直言不讳，并拜"壤父"为师，学习如何击壤。

这件事很小，但代代流传。到了隋朝时，史官还把它郑重地记在书里，说上古的时候，没有音乐，古人在填饱

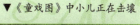

▼《童戏图》中小儿正在击壤

了肚子后，"鼓腹击壤"，乐在其间。

击壤是一种远距离的投掷运动，从它身上，可以看到投掷铁饼的影子。

这种体育活动，在传承中不断发生变化。后世之人用砖或瓦片代替壤，变成了击砖、击瓦游戏，儿童对它倍加青睐。

宋朝寒食节、清明节前后的小儿抛堶习俗，明清时小儿的"打瓦""打板"，现代儿童的弹珠，都是击壤的变种和延续。

击壤就这样从成人体育活动，变成了儿童游戏，也成了民俗的一部分。

扩展阅读

原始社会出现了徒手搏击，商朝形成了拳搏之术。甲骨文中没有"拳"字，但有一个类似"丫"的字，意思是，两个人用拳头互击头部。这隐含着拳击运动的影迹。

◎史前大洪水带来了什么

大禹执政时，由于地震和缺乏治理，经常发生河流肆虐、洪水泛滥的灾难。有一年，水势凶猛，整个会稽山都面临着被吞没的危险。

大禹召集部落首领商议迁移部落的事。防风氏是一个虎背熊腰很有作为的部落首领，他跟从大禹治水多年，兢兢业业，在修筑堤坝等事上尽心尽力。可是，他不愿离开家乡，因此，不赞成大禹的迁移之策，迟迟才到会场来。

大禹开始与首领们讨论，但防风氏一声不吭，显得十分颓废。大禹忍无可忍，盛怒之下，他以迟到的罪名杀掉了防风氏。

这起让人惊心动魄的事件，说明原始人十分关注水情，他们与水的联系非常紧密。

文明起源于水，水孕育了文明。在人类诞生不久，便开始主动地"择水而居"。这是因为水可以满足生存的某些需要，既能取用又可打鱼，在水上乘筏子还可以赶路。当野兽来袭击时，也可以躲到木筏上。但是水也具有野性，尤其在瓢泼大雨中，山洪暴发能够带来严重的甚至是致命的灾难。

为了与水抗争、搏斗，为了不被淹死，从舜的年代开始，古人就有很高的游泳技术了。

瓠瓜是一种植物果实，体积大，重量轻，有很好的浮力。古人注意到这一点后，把瓠瓜绑在身上，借此渡河，就很难沉入水中了。古书中有"包荒，用冯河"的记载，其中的"包荒"就是瓠瓜，"冯河"就是渡河。依靠瓠瓜的保护，古人试着划动手脚，推动水流，使自己能够快速前进。在慢慢摸索中，有些人干脆拿掉了瓠瓜，依靠肢体运动来渡河。就这样，游泳产生了。

《诗经》有云："就其深矣，方之舟之。就其浅矣，泳之游之。"意思是，在遇到水深的地方时，就乘舟而过；在遇到水浅的地方时，就凫水而过。这说明，游泳运动并不适合翻腾的洪水。

这也足以解释大禹为什么要固执地把部落迁走了。

但随着时光流逝，游泳的技术还是越来越高超了。到了战国时期，孔子亲眼看到了一个民间的游泳健将，此人的技术让他惊讶不已。

那还是孔子周游列国归来时，他来到黄河岸边等待渡船。这时，一个人从他身边匆匆经过，扑通一下，便跳进了黄河的惊涛骇浪中。

孔子以为他是要寻短见，赶紧让弟子们着手营救。可是，让他们目瞪口呆的是，还未待他们反应过来，那人忽地又从浪涛中冒出头来，转眼间又爬上了对岸。

孔子与众弟子登上渡船，驶到对岸时。那人已经走远了。

孔子坐车前行，至山道上，机缘巧合，又遇到了那个凫水之人。

孔子很好奇，与那人搭话，问他，黄河之水如此骇人，水下暗藏旋涡湍流，连船筏都得费力前行，而他却能只身游过，这是为什么呢？

那人告诉孔子，他自幼在水边长大，孩童时便开始游泳，早就了解河水的走势趋向；所以，毫无惧怕，顺着水流而游，淡然自若地凫水，游泳已变得和吃饭喝水一样习以为常。

孔子连连点头，大为称赞。

▼水能载舟，亦能覆舟，洪水暴发能给人们带来灾难，图为敦煌壁画上的溺水者

　　孔子很推崇游泳，他对弟子们说："食水者善游而耐寒。"意思是，游泳可增强体质，提高抵抗力。这就与今日常说的游泳者不易感冒一样。

　　可见，在2000多年前，古人对游泳的认识已经深入到生理层面了。这与体育的本质精神是相符合的。

扩展阅读

　　古书中，将裤卷于膝盖下涉水为"揭"；卷于膝盖上为"涉"；将衣卷于腰带上踏水为"厉"；潜水为"泳"；逆流而游为"溯洄"；顺流而游为"溯游"；横渡为"乱"。

第二章
夏商周的军事体育

夏商周时期的体育形式，出人意料地繁盛而宏大。这个时期，古人信奉"国之大事，唯祀与戎"，祭祀和战争成为巩固国家政权的两大要务。为了取得战争的胜利，古人必须接受军事锻炼，比如射箭、跑步、角抵等，这些都为军事体育的形成打下了基础。

◎中国第一任皇帝的运动

启是治水大功臣大禹之子，大禹死后，启继承了父亲的地位，正式开创夏朝，成为历史上第一个帝王。

成为天子后，启总是严格地要求自己，生活朴素，勤于政事。然而，当王权稳固之后，他却变得骄奢淫逸起来，整日饮酒作乐，动辄外出打猎。

启还狂热地喜好音乐和舞蹈，总是沉浸其中，误了国事。

对乐舞的痴迷，一直持续了10年时间仍未衰颓。有一次，启还跳起了一种名为"九韶"的古乐舞。

▲惟妙惟肖的六博人俑

启眷恋乐舞，大概也与遗传有关。启的父亲大禹，是著名首领，也是著名巫师，他在治理水患时，跋山涉水，极尽辛苦，脚部肿痛难忍。古人治病大多依靠巫术，因此，大禹"跛行"，一步高、一步低地跳起巫舞，就好像行路颠簸一样。启传承了大禹跳巫舞的特长，因此，对乐舞很沉醉。

另外，夏代也是巫术时代，在烈烈巫风中，巫师地位仍旧十分崇高，巫师相当于现在的高级知识分子，上通天文下知地理，中间还主宰人事，他们往往都是氏族部落的首领，也有的是原始国家的王，而政权就是通过神权来实现或体现的。而启，恰好也是一名大巫。

启甚至还把乐舞与军事训练联系到一起。

一次，他要操练军士，把他们带到一个叫"大乐"的

原野上，在野草间进行操练。他自己非常踊跃，"于此舞九伐"。由于他很专注，舞得非常好，将士们都附会说，他舞着舞着，都舞到天上去了，而且，还乘着两条龙，隐现在三层云盖之上。

九伐也是通天之舞——巫舞，同时，它也是一种军事体育活动。因为它要求舞者要相互击刺九个回合，这里面便蕴含着军事训练的因素，可以看成是武术的雏形。

宴乐与游猎促进了体育因素的增多与增长，这是体育史上一个特殊的规律。

夏代时，还经常举行大型的祭祀大禹等活动。在祭祀中，巫师要走"禹步"，也就是跳那种一瘸一拐的狂热巫舞；其他参与祭祀的人，要配合仪式的进行，排列队形，或进或退，或疾进或飞跑。在这其中，体育因素比比皆是。

🎧 扩展阅读 🎧

　　春秋战国时流行六博之棋戏。对弈的二人，各有6枚白棋、6枚黑棋，1个大5个小，大的称"枭"，小的称"散"；根据掷竹筷子的数量下棋，以将对方枭杀掉为胜。

◎因为锻炼而丢失了国家

夏代的第三位帝王，是太康。太康极度嗜好打猎，总是带领浩浩荡荡的队伍到很远的森林中奔逐追打。大臣们屡次进谏，他依旧我行我素，朝中渐渐充斥着不和谐的气氛。

有穷国是夏朝的一个诸侯国，国君是羿，他对夏朝统治者早有微词，他所在的部落是在夏朝的暴力镇压下才不得不屈服的。羿一直渴望颠覆夏朝的统治。他派人侦察太康的动静，有一天，当他得知太康又去狩猎，而且在野外流连了几个月都没有回去时，大喜过望。他立刻点兵，以太康"盘游无度"为名，率军杀向夏朝都城。

一路上，羿要途经一些其他的诸侯国。但这些诸侯国并未拦截羿，原因在于，太康已经久失民心。太康的后宫庞大，妃子众多，可他只眷顾有仍国的两个女子，日夜与她们厮混，对其他妃子不闻不问。而妃子一旦被冷落，妃子所属的诸侯国也会失势，所以，这些诸侯国的人即便看见了羿公然叛乱，也都冷眼旁观，甚至有些幸灾乐祸。

太康狩猎归来，至城下，猛然发现朝代更迭，当即傻了眼。

太康兄弟五人被羿驱逐出去，他们流浪到洛汭（今河南境内），作了《五子之歌》自怨自艾。

狩猎，在人类之初就自然而然地出现了。原始人为了获取食物，围攻猛禽野兽，既要跋山涉水，也要攀岩、投掷，又要跳远、跳高，还要奔跑、跨栏等，这些都是体育因子的萌芽。后来出现了弓箭，增强了古人狩猎和战斗的能力，也使体育进一步发展。历史进入夏朝后，古人会通过将野兽假想成敌人来训练军队，太康外出狩猎，也有这个原因。既然是军训，里面自然也少不了体育锻炼。

▲ 狩猎中蕴含着军事体育活动，图为狩猎图盘

在一定意义上可以说，太康是因为体育锻炼而失去了国家。

这在历史上一直是一个大事件。但由于巡猎有它的好处，在太康失国后，古人还是对此迷恋。

巡猎渐渐发展成了一个不成文的习俗，商周时期的天子，经常会四处巡猎。一是为了增强体魄，二是为了锻炼军队，三是为了借机察看各个诸侯国的动向，侦察他们是否有叛乱的迹象。

一般来说，每一年都要有4次狩猎：春天的"春蒐"；夏天的"夏苗"；秋天的"秋弥"；冬天的"冬狩"。狩猎时，要依靠步兵和车兵的合作来围杀猎物。这是非常重要的军事演练，也是一种超强度的体育展示。

狩猎自然也还是一种消遣活动。比如，楚国国君就常去云梦泽这个地方游猎、逍遥。他快活地坐在战车上，当一只老虎突然蹿到车前时，他立刻引弓射之，老虎被一箭毙命，他得意洋洋。

这种狩猎，包含了娱乐体育的性质。

狩猎变得越来越重要，狩猎规模也变得越来越大，竟至于军队、战车集体出动，扬起的灰尘遮天蔽日，举国皆是体育健儿。

有一次，魏国的信陵君与国君下棋，忽然闻报，北方边境传来了赵国军队将进入魏国的警报。国君十分害怕，准备召集大臣商议对策。

信陵君却淡然若定，拿着棋子劝国君继续下棋，说这只是赵国国君在打猎，不是进犯边境。

国君半信半疑，无法冷静。这时，又有人来报，说只是狩猎，不是入侵。

国君十分惊讶。信陵君说自己有食客在赵国，早把探查到的情况传了过来。

此事可见国君的狩猎规模极其宏大。

到了汉朝，皇帝的狩猎规模更上一层楼，竟然"千乘雷起，万骑纷纭"，骑兵、步兵联合列阵、追捕野兽。

汉朝的狩猎更注重娱乐性，帝王贵戚们在天高气爽的秋日里出行，带着兵士，骑着快马，纵横驰骋。马蹄哒哒，箭声嗖嗖，军旗荡荡。一旦发现野兽的踪迹，兵士们便发出提醒之声。有时提醒声变成了呐喊声，太过高昂，震耳欲聋，许多野兽不等箭矢飞来，就吓得闻风丧胆。等到满载猎物后，夜里便在树林中就地野宴，大碗喝酒大口嚼肉，更有歌姬伶人表演戏耍，好不快活。

狩猎由军事性向娱乐性转变，使得里面蕴含的体育因素也发生了改变。它显示出人性的复苏，显示出人对自身的关注更加强烈，他们更欢迎那些可以让身心放松的娱乐体育。

唐代也是狩猎的鼎盛期，崛起于北方的唐朝王室尤喜这种勇猛的活动。唐朝的开国皇帝更有怀旧心理，每年都要举行好几次狩猎活动。唐朝国力强盛，狩猎的排场十分隆重，可谓"十里旌旗十万兵，等闲游猎出军城"。

唐太宗李世民更是注重练习拳脚、强身健体。有一次，在狩猎中，恰遇一头大野猪，野猪在围攻中饱受逼迫，便疯狂地向唐太宗冲来。群臣始料不及，当下皆乱。哪知唐太宗手起剑落，刹那间，野猪倒在了血泊中。群臣仍惊魂未定。唐太宗笑道，击贼有何惧怕？在唐太宗心中，将野兽视为战场上的敌人，将狩猎视为作战。

文弱书生也都喜欢骑马射箭、猎杀野兽，以娱身心。大诗人李白就是个好猎手，他能够"一射两虎穿，转背落双鸢"。

元朝是蒙古族建立的，蒙古族正是以铁骑得天下。骑马、射击、摔跤三种体育形式，几乎是所有蒙古男子的强项。

清朝也是北方民族建立的，清室是长白山女真族的后

裔，长白山奇寒无比，地势险要，觅食艰难，女真族为生存下去，崇尚练武，以狩猎作为生存手段。在得天下后，又建木兰围场，每年秋季都要调集各地驻军、藩王在那里狩猎。既防止骑射技能被荒废，又能在放松的气氛中团结各位藩王。

这时的体育精神，仍旧是军事、娱乐并重，既强健体魄，又制造欢乐气氛。

康熙皇帝推崇体育精神，常亲自参加演练。他在狩猎中，共获老虎135只、熊20只、豹子25只，其余诸兽数不胜数。乾隆皇帝也爱好狩猎，多次射杀猛兽。他们的身体因为这项运动，得到了很好的锻炼。

有大臣不喜狩猎，说木兰秋弥惊扰了百姓，应该罢停。乾隆皇帝不同意，理由是，古代就有狩猎，这是在遵古制。

清朝的末几代皇帝，几乎杜绝了狩猎，骑射也都荒废，将木兰围场变成避暑消闲之所。无论是军事体育还是娱乐体育，都彻底消失了。

扩展阅读

剑术兴起于春秋时期，在战国受到重视。国家法令规定，士兵必须佩短剑，官吏也要佩剑。民间出现的剑客、死士，也都喜爱佩剑。于是剑术走上专业化的道路。

◎古代赛车手造父

在周朝，有个人名叫造父。他想做个"御车"——古代车辆驾驶员。

造父的祖先中有很多人都是善御者。商朝时，造父的两位祖先——蜚廉和恶来，都是朝廷官员。恶来是个力大无穷的勇士，蜚廉是商纣王的信使，极擅"走"，就像夸父一样，可日行千里，时人都称他为"飞廉"。在古代，信使和御者一样，也要有出色的驾车技术，否则就很难完成某些任务。因此，"擅走"与"擅驭"这两种本领，就成了造父家族的传统。

这也是造父对驾车痴迷的原因。

造父的师父是有名的御者泰豆氏。可是，他入师3年，却什么也没有学到。他内心焦急，但没有对泰豆氏表示不满，依旧恭恭敬敬、彬彬有礼。

有一天，泰豆氏突然对造父说，要想学会驾驭，必须先学会走路。

走路？造父丈二和尚摸不到头脑，他疑惑地说，走路还用学吗？谁都能走呀。

泰豆氏捋了捋胡子，正色道，所谓御车，便是将车变为自己身体的一部分，如同走路，将力施于脚，用心控制脚，自然就能来去自如了；制造弓箭的巧匠，必须先懂得怎样编织簸箕，所以，要想手执6根缰绳、驾驭6马大车，就必须学习快步走路。

听了这番话，造父如醍醐灌顶，下定决心要学好走"快步"。

泰豆氏找来一些木桩，把它们分成相等距离，牢牢地插进地里，然后，让造父在上面快速行走。

造父没走几步，便掉了下去。

泰豆氏摇摇头，让造父看他是如何快走的。

泰豆氏像风一样，从第一个木桩走到最后一个木桩，身体竟不曾有一丝摇晃！

造父瞠目结舌，又暗暗羞愧，开始刻苦锻炼。他非常努力，结果只用3天时间便掌握了快步走的技巧。

泰豆氏很欣慰，说道，无论是走快步，还是驾驭大车，都要用心。驾车时，要了解马的脾气，让马听人的指挥，这样一来，即使闭着眼睛，车子也会稳稳当当地走；驾车时，还要心如止水，不紧张，不害怕，这样一来，24只马蹄也会匀称地一步一替往前走；这就是说，要将马作为自己的腿，用心来控制缰绳和马匹，心不乱，则缰绳不乱，马匹亦不乱，不论进退转弯，都能游刃有余，即使在险峻之处，也能如履平地。

造父颇受启发，牢记在心，终于练成为一个闻名天下的御手。他驾起车来，又快又稳，遇到弯道坎坷都有技巧顺利地通过，堪称一名优秀的赛车手。

有技巧地飞速驾驶车辆，是今天的体育项目中的一个内容。体育的起源与发展，是人类文明的体现，驾驭车辆也与科学文化的进步密不可分。而且，它也是一项生存技能。

造父便是依靠御手的身份获得了职位。

▲车的发明很艰难，古人驭车也经历了漫长的过程

造父在学成后，来到桃林，得到了8匹漂亮雄壮的骏马。造父精心地驯养它们，然后，将其献给了周穆王。周穆王很高兴，给它们配备了最好的马车，让造父驾车，载他出行、游猎。

有一天，造父遵照周穆王的命令，载着他一路西行，到昆仑山游玩。周穆王兴致勃勃，流连忘返，忽然，有信使来报，徐国国君举兵叛乱了。

周穆王大吃一惊，束手无策。

造父告诉周穆王，他可以让车辆一日飞驰千里，送周穆王及时返回都城，与群臣商议，发兵平定叛乱。

周穆王连忙启程，果然如造父所说，迅速赶回了都城，并击败了徐国国君。

造父因功受赏，周穆王把他封于赵城（今山西境内）。

造父带领族人来到赵城后，都改为赵姓，他们成为了战国时期赵国的祖先。又过了几十年，造父的侄孙又被封于犬丘，这一支脉，又成为了秦国的祖先。

扩展阅读

狩猎舞是原始人在狩猎前后所跳的舞蹈，奔放狂野。既能锻炼身体，又可演习狩猎，提升成员之间的默契。它对人类影响极大，现在的武术中就有狩猎舞的影子。

◎齐国修建人工游泳池

原始人看见水，便本能地学起游泳。这时的体育技能，是为了活命。

人类遇到了战争，便越发重视游泳了。这时的体育技能，是为了获胜。

军书《六韬》上说，只有有了游泳"奇技"的人，才能越过深水，渡过江河，这是获胜的条件。

在有水域的地区作战，游泳和潜水是能改变整个战局的本领。战国时，水军对水战更为重要，作战时，有的兵士在船上搏斗，有一些会游泳的人则手持兵器在船下潜水，发动偷袭。偷袭能够使敌军慌乱手脚，从而掌控战场上的主动权。

可是，如果有些国家恰好没有临水而居，水军不够强大，那么，又该如何呢？

齐国就是这样一个国家。

齐国境内少水，国家军队中也缺少水军。齐桓公想要北伐孤竹国、离枝国，可又怕邻国越国来袭。越国临近长江，水军强大，让他不能安枕。因此，他非常愁闷。

▼残破的游泳石刻

管仲是齐国的丞相，他告诉齐桓公，既然齐国的水军建设不足，那么，可以大量建造水池，在里面练兵，同时，也鼓励百姓游泳，作为后备力量，这样就不怕越国会侵犯了。

齐桓公听从了管仲的建议，开始开凿人工游泳池，并贴出告示，如果有百姓练习游泳，将会获得国家的奖励。

这种奖励制度，在春秋战国时期是很常见的一种做法。当时，诸侯国众多，由于兼并战时刻都在进行，各个诸侯国的兴衰变化都非常大，因此，人的流动也很大。人力是战争的基础，没有人，就难以作战，所以，诸侯国在招揽人才或推行军事体制时，常常采取奖励的方法，授以金钱、官位或荣誉等。

在这样的号召和利诱下，齐国便涌现出了一大批游泳健将，他们组成了一支强大的水军。

越国听到消息后，大吃一惊，再也不敢进攻齐国。齐国没有了后顾之忧，便挥军北上，一举消灭了孤竹国和离枝国。

从修建人工游泳池可以看出，在2000多年前，古人已经认识到游泳技能在军事和生产上的重要意义，这在很大程度上促进了体育的发展。

扩展阅读

3600年前的象形文字中，已出现澡（洗手）、严洗（洗脚）、没（潜泳）、潜（涉水）、汗（浮水游泳）的字样；大禹时，蛙泳、砧狗泳、踩水等游泳姿势已初见端倪。

◎魏仇的自救：带伤跳跃

体育就在日常生活中，就在细节中。

原始人为了跨过深沟小涧，必须跳远；为了能奔上巨大的岩石躲避野兽的追袭，必须跳高；为了取远处的毛皮，为了摘高处的野果，他们必须要一次又一次地跳跃。

他们先是无意识地本能地进行运动，后来便有意识地、主动地练习了。最终，促成了体育竞技中的跳高跳远项目。

跳远在春秋时被称为"超距"。齐国的丞相管仲尤其反感这种运动。为什么呢？

原因是，齐国的青壮男女太热爱跳远了，他们在精力充沛的时候，不去劳作，反而推着大车小车，停滞在大树下，欢欢乐乐地"超距"。而且，嬉笑终日，等夜色降临了，才恋恋不舍地回家去。由于国人都迷恋于蹦跳，导致农业歉收，土地荒芜。

管仲非常焦虑，屡次劝说、诱导，但齐国人太渴望放松了，所以屡劝不改。

管仲很生气，在愤怒中，他下令把路旁的树都砍掉。这样一来，烈日暴晒，若还"超距"的话，就失去了乐趣，还会使身体患病。齐国人无法，只好忙于农作去了。

与其他的古代运动一样，跳远、跳高不仅是民间的一项娱乐活动，同样也是一种军事训练的手段。

在军队中，士兵们都得接受两种跳跃的训练，一种被称为"曲踊"，另一种被称为"距跃"。

古代人都席地而坐，坐在地上时双膝跪地，臀部压在脚跟上，为了能快速反应，士兵们要反复进行屈腿跳跃的训练，一旦有战斗命令便一跃而起，这就是"曲踊"。

除了休息时跳起之外，对车兵还有额外的训练要求。车兵行军是随着车一起走，若有情况，则需要准确无误地

跃进车里，这便是"距跃"。

通常，有特殊才能的人总会受到欢迎、青睐。在某些时候，它甚至还有特别的功用，比如，救人的命。

晋国大将魏仇便依靠着跳跃能力免于一死。

魏仇英勇善战，可惜他和另外一名将军违反军令，私自杀了人，按照军法，应当处斩。但晋文公却有些犹豫。晋文公爱惜魏仇的才能，觉得杀了他实在是可惜。

晋文公得知，魏仇胸部受伤，正在家休养，于是，他便想了一个主意，让使者以探望之名去察看魏仇，如果魏仇受伤过重不能再领兵作战，为了维护军纪，杀了也就杀了；若是见他还有能力战斗，则放他一条生路，免了他的罪行。

使者领命而去，到了魏仇家里，说是慰问魏仇的伤势。

魏仇心里明白晋文公的想法。他想，这是自己唯一可能活下来的机会了，他一定要表现得身体强健，还可拼杀战场。

于是，他忍着伤痛，在使者面前"距跃三百，曲踊三百"。

这是普通士兵难以做到的，可见，魏仇的确有着非凡的勇力。

使者也很震惊，返回后，将魏仇的表现禀告给晋文公。

▼石刻记录了古人的各种动作，包含了跳跃

晋文公微微颔首，免去了魏仇的罪，只杀了另外一个人以正军纪。

跳跃，看起来简单，实际上却很难。它在军事上发挥的作用，是常人难以想象的。历代的军队都把跳跃能力作为行军作战的必备本领；在军队的体能训练中，跳跃也是必不可少的内容。

秦国以投掷和跳远来训练士兵，在秦、楚发生大战时，有这样一个关于跳跃的故事。

秦国大将王翦率领秦国的所有兵马到达前线，他不急着与敌军作战，而是坚壁防守，养精蓄锐，让士卒好好休息。但他也不是什么事都不做，其间，他训练士卒的投掷和跳远能力，以保持最佳的战斗状态。

跳远是对整个身体的运动，因此，得到锻炼的将士们，都身体灵活，精神百倍。

待到与楚军作战时，秦军斗志昂扬，士气旺盛，几个回合便大败楚军。

南北朝时期，跳高与跳远还翻出了花样。

士兵在受训时，要反复跳过一个坑。这个坑很有玄机，它非常大，里面还插满了竹签。如果士兵训练偷懒、技能很差，就会掉到坑里，被尖利的竹签刺中。

这个方法，带有一定的伤害性，但也能促使士兵主动勤奋地锻炼，强健了身体，提高了意志和胆量。

宋朝时，大将军岳飞面对的敌人是金兵，金兵来自游牧民族，在很小的时候就接触到了高难度的跳跃，能够自如地跃上跃下，有些高超的人甚至可以一跃跳上骆驼。面对这样的强敌，岳飞更加强化了士兵的训练。他让士兵身着两重铠甲跳越壕沟。

由于真正上战场时，只穿一层铠甲，因此，脱去一层铠甲的宋朝士兵，在追杀金兵时，就能身轻如燕了。

在跳高、跳远的发展史上，"跳席子"作为一个有意思的现象，几乎贯穿了2000年。

汉朝时，百姓发明了跳席子，就是以跳过睡觉的席子作为娱乐。席子横放很容易跳过，竖放则不是所有人都能跳过去的了。这种赌跳的体育活动，简单得有些好笑，但却备受青睐，连许多贵族都热衷于此。

南北朝时，连皇帝也喜欢上跳席子了。南北朝时宋国的皇帝年纪小，性恶劣，好玩乐，极其迷恋这种赌跳，在宫里玩还不算，还时常私自出宫去跳，好像总也不过瘾似的。

唐朝是强盛的时代，唐朝人见多识广，可是，令人不解的是，他们仍旧喜欢跳席子！唐朝的大书法家颜真卿是跳席子能手，他身强体壮，没事就进行跳跃训练，手按床板能斜跨整个大床，还可以在席子围成的圈中，一下子就跳出来。

后来，这种跳跃活动演变成了跳房子、跳骆驼等。

扩展阅读

春秋时，鲁国大夫微虎为抵抗吴国、绑架夫差，发明了先进的体能训练：让700名士兵跳跃木桩，每人跳3次，然后从中挑选300名体能、技能好的人，组成特种部队。

◎改变国家命运的箭术

弓箭在古代是非常重要的一项技艺，从原始社会起，便有了射猎的说法。

箭，起源于古人的"两难心理"——距离猛兽太近，担心被伤害；距离猛兽太远，担心无法捕获。于是，他们发明了箭。这下，他们就可以躲到茂密的树影中，远远地向猛兽发射了。

由于箭是一种"先进"的武器，很难制作；有时候，猛兽中箭后没有倒下的话，还会把箭带走，把他们捕获的其他猎物带走。为此，他们又发明了"弋"。

弋，就是带丝线的箭。他们在制成一支箭后，在箭后系一根丝线。如此一来，就可以依靠丝线把箭回收了。

但是，有了丝线，会影响箭的准确性和力道，几乎不能射杀较大的野兽而只能射一些小飞禽等。

有一个女子，与夫君生活在一个湖边。白天，大雁飞得高，用弋射杀困难。但他们又不能不食肉，于是，这个女子在天还未亮时，叫醒夫君，让夫君到湖边猎雁。就这样，才射到了大雁。

因此，弋不怎么流行。等到春秋战国时，频繁的战争使强弓劲弩被成批地制作出来，弋便"退居二线"了，变成了一项闲暇时的娱乐。

楚国有一个将军，名叫斗越椒，是个骁勇的善射者。他立过很多战功，可楚庄王却总是不提升他的官职。

他很悲伤，怀恨在心。他认为自己箭术了得，无人能及，便意欲谋反。

楚庄王察觉到了斗越椒的心理，一次，他要出征讨伐，因为不放心斗越椒，便让司马留驻楚国，监视斗越椒。哪知，斗越椒很快杀了司马，又带领部队埋伏在路上，准备

▲《番骑猎归》中人物携带弓箭，表明古人对弓箭的重视

等楚庄王返回时将其一举拿下。

楚庄王听闻有变后，连忙往回赶。可是，楚军看到斗越椒一行声势浩大，不禁有些惧怕。楚庄王也有些胆怯，派出大夫去和斗越椒议和。

斗越椒势头正盛，拒不接受。

楚国的一个大将想要砍杀斗越椒，但斗越椒不恋战，他抽出一支箭，直接射向楚庄王。

楚庄王正在车上擂鼓、振奋军心，却被一箭射中了军鼓架子，吓得他把擂锤都丢掉了。

楚庄王连忙命人拿来两面盾牌，架在车上。岂料，斗越椒又是一箭，将盾牌射了个对穿。

楚庄王十分害怕，连忙鸣金收兵，退至营寨中，不与斗越椒相战。

惊魂未定的军卒，对斗越椒的神箭术噤若寒蝉，士气大为颓败。楚庄王为鼓励他们，说斗越椒所用的两支箭名叫"透骨风"，是蛮族制造的利箭。原本安放在太庙之中，结果被斗越椒窃走。现在两支箭已经射光，再也不用害怕他了。军卒们听了这话，稍稍安定下来。

第二天清晨，楚庄王带领部队撤退，斗越椒引兵追赶。

过了一天一夜，楚军行至清河桥，在桥北休息。一时，斗越椒带兵追了上来，楚军连忙撤到桥的另一边去。他们害怕斗越椒过桥，便七手八脚地将清河桥给拆了。

斗越椒见无桥可过，惊怒万分，派人试探水深、寻找渡河的法子，又使人隔河放箭。

这时候，楚军中一名士兵突然站出来，要与斗越椒比箭。

此人站在河边冲着斗越椒大声叫嚷，说："河如此之宽，箭难以射过来。我听闻你是神箭手，想和你一比高下，我们各自站在桥墩上，一人射三箭。"

斗越椒问道，何人叫嚷？

此人答，是小将养由基。

斗越椒以为养由基是一个无名小卒，自己是个神箭手，定胜无疑，便提出要求，若想比箭，必须让他先放3箭！

养由基答应了，提出不能躲闪。

于是，二人便分立两边的桥墩，开始一比高下。

斗越椒拉弓射箭，直指养由基脑门。养由基不慌不忙，用手里的弓稍稍一拨，箭便掉进了水里。

斗越椒大失脸面，气恼地提箭又射。养由基身子微屈，箭从头顶飞了过去，又没有射中。

斗越椒怒喝，屈身躲箭，算什么英雄好汉！

养由基笑道，不躲便不躲，你还有一箭！

斗越椒恼羞成怒，心道，既然养由基不躲，这一箭必能取其性命。他将第三支箭放在弓上，引弓直射。

养由基果真双脚站定，并不躲闪，众人都是捏了把汗。谁知养由基看准箭飞来的方向，一口将箭镞咬在口中。人皆惊叹不已。

斗越椒连续三箭不中，乱了神志，他努力定了定神，告诉养由基，如果养由基三箭不中，他就继续射三箭！

养由基大笑，说岂用三箭，一箭即可取人性命！

斗越椒冷笑，站定。

养由基佯装要射，谁知只是虚拨弓弦，并没有把箭射出来。而斗越椒听到弦响，连忙避让。养由基告诉他不能

◀踏歌是一种体育活动，起源于田间劳动，图为《踏歌图》

躲闪。斗越椒说，如果养由基真是神箭手，那就不怕人躲闪！

养由基答应了。他又举起弓箭，又虚拨弓弦，斗越椒又往旁边一躲。就在这时，养由基迅速地一箭射出。斗越椒不知所措，当场被射死。

一场差点儿颠覆国家的危机，就这样被解除了。箭术也备受重视了，楚国的军营里，陡然涌现出了很多善射者。

楚庄王病逝后，楚共王统治楚国。楚共王的指挥车上缺少一名射箭的卫士，便下令在军中进行比赛，挑选合适的人。

经过层层选拔，最终留下养由基和潘党二人。要在二人之间决出箭术最高超的箭手，着实很困难，二人射箭都是百发百中，判不出高低。考官犯难了，苦苦思索之后，才想出了个法子来。

考官在百步外的杨树上寻得一片叶子，把叶子染红，让二人向叶子射箭。不料，二人都正好命中红柳叶的中心。

二人的准度相同，接下来便是比力度了。

考官将兵卒的胸甲重叠起来，让二人射击。胸甲用皮革制成，相当有硬度。

养由基一箭出去，射穿了7层胸甲；潘党一箭出去，只射穿了5层胸甲。

由于一层胸甲为一札，一个成语典故便流传下来了——当称赞一个人箭术高超时，便说"射穿七札"。

就此，养由基击败了潘党，当上了楚共王的车上卫士，随楚共王出征。

在鄢陵战役时，楚国战败了，楚共王被晋国将领穷追猛打。就在这个危急时刻，养由基一箭射死了晋国将领，解救了楚共王，使晋军大乱。

可见，一个箭术高超的箭手，在某些时候甚至能扭转整个战斗的局面。

为了寻找到好的箭手，统治者往往采取两个办法：一是钱物奖励；二是政治强迫，以国家的命令，逼迫平民练习射箭，然后，再从中选拔人才。

那么，是谁执行这个逼迫平民的任务呢？

是州长一级的官员。李悝就是其中一个。

李悝是魏国的一个太守。魏国地处中原，在秦、楚、齐3个大国的夹缝中生存，把大量的财物都花在驻守边疆上，造成了国家经济的衰退。人穷志短，无人愿意习射，国家战斗力低下。魏国国君下令，要用最严酷的刑法来强迫平民习射。李悝接到命令后，觉得生硬地下令不一定有效果，还是要想个办法才行。

他想了个什么办法呢？

他告诉百姓，谁若犯了官司，必须要以箭术的高低来决定谁输谁赢；如果双方是平局，才由太守出面评判。

百姓一听，引为天下奇闻，但也毫无办法，为了防止日后惹上官司，输得倾家荡产，赶快行动起来，没日没夜地练箭。

慢慢地，魏国的箭术提到了很高的水平，几乎达到了全民皆箭手的地步。遇到其他诸侯国入侵时，扔下锄头，背弓就能上阵。一技在手，毫不惧怕，不用外援，便能击溃敌军。

在全民被迫学箭的浪潮中，这种体育项目得到了长足的发展。

扩展阅读

　　远古的阴山岩画中有踏歌的雏形。唐朝时，有几千名女子在元宵夜踏歌3天3夜。后来，有人将歌的节奏结合舞的动作，形成秧歌，既是文娱活动，也是体育运动。

◎围棋的竞技，智力的竞技

跑步、射箭等，是以力的技巧取胜的体育活动。

围棋、象棋等，是以智的技巧取胜的体育活动。

最早出现的棋类，是五子棋、围棋。围棋非常古老，在尧的时候，就有人对弈了。虽然其发端时并不怎么受人重视，但终究已经萌芽了。

到了春秋战国时期，围棋开始风靡。

孔子是个好学的人，他看不上这种风气，气愤地说，饱食终日，无所用心，博弈不休，岂是贤者！

尽管孔子是战国时最大的学者，他贬低围棋的话，会引起巨大波澜。但是，这种精致的体育活动，还是让人喜之不舍。

孟子传承了孔子的儒家精神，可是，他却很喜欢围棋，而且，研究得很深。他在表达心得时，说下围棋必须专心于自己，不然就不能克制敌人，领悟不到围棋的精髓。

围棋流传得实在太广泛了，最后，竟然衍生出一个成语——"举棋不定"。它表明，下棋时，最重要的便是果断，不能优柔寡断。

为什么呢？

这要从卫献公说起。

卫献公是春秋时期的卫国国君，他很骄横、很残暴，这让大夫孙林父和宁殖非常愤恨。两个人商议后，联合兵力，将卫献

▼古代女子棋艺高超，此为《侍女对弈图》

公赶出自己的国家，驱逐出境。然后，他们又另立他人当国君。

12年后，宁殖患了重病，临终时，他回想往事，有些后悔将卫献公赶走，便想让儿子宁喜把卫献公接回来。

卫献公听到消息后，想趁机复位，因此，急忙传消息给宁喜，一再保证，说自己归国后，绝对不干涉朝政。

宁喜有些相信，有些动心，便和众人一起商议。

有人劝诫道，将卫献公驱逐并没有什么过错，现在把他接回来，却很不利；这就如同下棋一般，若棋手举棋不定、犹豫不决，那么，只会失败。

宁喜没有听劝，到底将卫献公迎了回来。卫献公暗中用计，很快把宁喜杀掉了。

下棋要避免举棋不定，处事同样如此。从这一点来说，体育思想无处不在。

> ## 扩展阅读
>
> 　　击壤消亡后，打柭、抽陀螺等体育活动兴起，甚至还衍生出了一首童谣："杨柳儿活，抽陀螺。杨柳儿青，放空钟。杨柳儿死，踢毽子。杨柳发芽儿，打柭儿。"

◎另类的体育老师

孔子是著名教育家，春秋末年，礼崩乐坏，孔子心痛不已，便率领学生在"矍相之圃"学习礼射，想在旧的礼乐框架中，注入新的思想。

众人听说孔子带学生来比赛射箭，都很好奇，当成一件大事，都跑来观看。一时间，拥挤的人群仿若一堵墙。

正当众人踮着脚张望的时候，孔子却让学生出来宣布：凡是打过败仗的将军和亡国的大夫，都不能观看。

这一下，很多人都默默离开了。

走了这么多人，这下总该开始比赛了吧。众人心急难耐。岂料，孔子又让他的学生出来宣布：只有懂得礼法、品行端正的人，才能入内观看。

这一下，又走了不少人。

现在总可以观看了吧？谁知孔子又发话了：不好学也不好礼的人，也不能留在这里。

众人摇摇头，又走了不少，场内就只剩下寥寥几人了。一场精彩的习射这才开始了。

射箭技能和身体素质的提高，是孔子注意的一个方面，但他更注重的是思想品德的培养。他通过这个方式，驱散了不符合儒家思想的人，使得习射和观者都变得更加"纯净"了。

这是一种特殊的教育方式，在场的每个人都经过了一场道德的洗礼。在这种熏陶下，习射者会觉得射箭非常高洁，从而更致力于练习。

孔子的非常规教育，使得他的学生中有很多射箭人才，不仅能够连续发射、射穿靶子，而且，射中的4支箭都成为规矩的"井"字形。

在古代体育场上，常有许多思想另类的老师，运用独

特的方式，成功地进行了技术教育。

有的驭车手在老师的教导下，甚至能够达到这样的要求——马上的铃在响动时，不快不慢、不高不低，声音和谐、均匀；车能够灵活地在水边和道口进退；在狩猎时，能跟上野兽奔跑的节奏。

到了战国时期，驭车和射箭的名师，已经有了一套较为完整的教学体系。飞卫就是一位出色的箭术家。

飞卫之所以成为名师，与他掌握了射箭的诀窍有很大的关系。他在教授学生时，往往要进行基础练习，以便更好地运用诀窍。可是，很多学生并不明白这些，心中充满疑惑。

纪昌是飞卫的学生，他入了师门后，飞卫并没有教他射箭，而是将很细小的东西放在远处让他仔细分辨，并且不能眨眼睛。纪昌懵懵懂懂，但还是照做了。

其实，飞卫这样做，是为了锻炼纪昌的视力。

经过苦练，纪昌的视力得到了很好的锻炼，不管大小远近都可以看得清清楚楚；时间多长也不会疲惫，就连尖锥刺到眼前，眼睛都不眨一下。

视力练好之后，飞卫才开始传授纪昌箭术。既然基础已经打好，凭借着超人的视力和勤学苦练，纪昌很快就成为了百发百中的射箭能手。即使有干扰，他也能镇定自若，只顾拉弓射箭不管其他。

这就是先抓住诀窍、后教技术细节的典范了。迄今，这种教育方式在体育中仍然在传承。

扩展阅读

女子骑射在北魏就有了。一个叫李雍容的女子参加起义军，裙子飘在马上如卷蓬，她忽而左射，忽而右射，势不可挡。齐宣帝的两个妃子也都是射箭能手，能击贼。

◎ 吴起的体能训练

吴起是一个著名的军事奇才，熟读兵书，擅用兵法。他对自己要求非常严格，对士兵却很宽松仁慈，经常与士兵同甘苦共进退，得到了士兵的尊重与热爱。兵士们都愿意追随他征战。

有一年，鲁国和齐国发生战争，吴起带兵来到前线，与齐军对峙。

他并不急于进入战斗，而是先分析战况，然后进行谈判，试图议和。暗地里，他却把老弱残兵安排到前军位置，向对方表示自己的弱势。齐军误以为鲁军真的只是些老弱兵将，便不把鲁军放在眼里。

吴起看到齐军相信了自己，便出其不意地向齐军发动进攻，毫无防备的齐军被打得溃不成军，死伤无数。

吴起大胜而归。

吴起总结作战经验，认为打胜仗不在兵多，而在于"治"！

什么是"治"呢？

"治"的具体体现就是训练。

吴起创造出了一种练兵方法，让每个士兵全副武装，拿着30公斤的弩，背着50个矢，携戈带剑，并3日口粮，然后，在半日内跑完100里。

能够完成任务的士兵，就被晋级，选为"武

▼乐舞是音乐与体育的结合，图为敦煌壁画上的乐舞

卒"，获得奖励，免去全家的劳役和赋税。

这是一种严格的体能训练，它能提高人体心肺功能，并协调好力量、速度、耐力、柔韧性，使运动力学在身体运动方面起到一定作用，并改善神经、骨骼、关节和肌肉的灵活运动功能。在今天的体育运动中，体能训练必不可少，是一个基础训练。

吴起在推行体能训练后，士兵都变得身强体壮，成为精兵良将，在军事中起到了很大作用，

扩展阅读

乐舞是音乐与体育的结合。儒家荀子认为，乐舞对人体健康有益，人的躯体或俯仰或屈伸，有节奏，有韵律，既健又美。荀子对乐舞的理解，类似今天的健美操。

◎ 从扭打"进化"出摔跤

只要有人，就有摩擦，就有愤怒，就有争夺，就有战争，就有搏斗。

那么，在冷兵器还不发达时，如何搏斗呢？

依靠徒手抓挠扭打，劈头盖脸，毫无章法。

在最初的扭打过后，古人总结出了点儿经验，掌握了点儿技巧，再次较量时，就含有一些技术性了。扭打因此"进化"成了摔跤。

可以说，摔跤是古代体育中起源最早的一个项目，也是一个经久不衰的项目。

摔跤最大限度地显示了力量，而力量是古代战争中很重要的一个要素。统治阶层都推崇这种活动，甚至把它当成节目，没完没了地观赏。

春秋战国时期，这种徒手搏斗有了正式的比赛。很多自诩为摔跤能手的勇士，都想在众人面前展现自己的实力。

有一个人，名叫少室周。他是赵国国君的车上侍卫，为赵国国君驾驭战车。那个时候的战车，有3个甲士，一人在中间掌控战车，一人在左边发射弓箭，一人在右边击刺长矛。但是国君的战车，属于指挥车，少有武器，多有旗鼓，保卫工作完全依靠"车右"。也就是说，车右不仅驾车，还兼职保镖、战士。少室周就是车右。为做好安保工作，他时常找人切磋摔跤的技术。

一天，少室周偶然听说，一个叫牛淡的人很有力气，便找到牛淡，恳切地表示，要与他比试比试。

牛淡没有拒绝，与少室周相搏。结果，三下两下就把少室周摔倒了。

少室周又惊又喜，他想，牛谈是能士啊，可以重用。

于是，少室周执意辞去了车上侍卫一职，将职位让给

▲ 小儿嬉戏图生动地表现出，摔跤的前身是扭打

了牛淡。

这是摔跤史上的一段佳话。

在同一时期，还发生了一个关于徒手搏斗的故事。事件很小，却对摔跤史产生了重大影响。

鲁国的公子季友，与莒挐不睦，有嫌隙，引发了战争。季友打败了莒挐。

营中，季友对莒挐说，我们二人有矛盾，是我们自己的事，士卒们有什么罪，还要连累他们上战场流血？我们应该自己做个了断才对。

莒挐同意。于是，二人采取了徒手搏斗的方式，并规定，不许他人插手。

眨眼间，他们就扭打在了一起，极其激烈。渐渐地，季友不力，处于劣势了。

这时，忽然有人在旁边大喊："孟劳！孟劳！"

孟劳是鲁国的一把宝刀。季友听到了，明白这是有人提醒自己用刀来决一胜负。他不再多想，急忙从衣服中抽出宝刀，杀死了莒挐。

这件事之后，时人议论纷纷。原本站在季友一方的人，本着和平的体育精神，对季友也产生了反感。

不知从什么时候起，在摔跤界，形成了一项共识：为了防止有人暗算，必须赤裸上身参加摔跤比赛，下面可穿短裤。

就这样，摔跤的发展更加完善了，也更加受人欢迎。到了南北朝时，兴盛得无以复加，甚至还为它改了个名——"相扑"。

📖 扩展阅读 📖

史书中记载了许多田径奇才，大都膂力惊人，善于跑跳。其中有两个著名人物：暴君夏桀和商纣。他们都不得民心，却有一身好武力，能"手搏豺狼，足追四马"。

◎ "兵圣"当上了场外教练

齐国大将田忌爱好赛马，经常与贵族王侯一起比赛。田忌把马分为上、中、下三等，比赛时，上马对上马，中马对中马，下马对下马。

一日，田忌的对手是齐威王。齐威王身为一国之君，马的资源丰厚，不论是哪个等级的马，都比田忌的马强壮。因此，田忌以失败告终。

又一日，田忌再次与齐威王比赛，结果，他再次输了。他很懊恼，比赛还未结束，他就想离开马场。

孙膑劝阻了田忌，让他再赛一次。

孙膑是兵法家，有"兵圣"之称。孙膑说，他能确保田忌获胜。田忌不信，有些恼怒，以为孙膑是故意挖苦他。

孙膑正色，告诉田忌，他并非胡说，他仔细看了刚刚的比赛，其实，田忌与齐威王的马的实力不相上下，如果田忌用上等马战齐威王的中等马，用中等马战齐威王的下等马，用下等马战齐威王的上等马，那么，田忌就能三局两胜了。

田忌觉得好像是有点儿道理，便跟着孙膑一起去见齐威王，请求再比一次。

屡战屡胜的齐威王骄傲、不屑，对田忌说，败了这么多次还不服气？

田忌把一大堆银钱倒在几案上，以此作为赌

▼古人对马的驾驭出神入化，赛马在春秋战国时就有了

注，说他就是不服气，再比一次，保证能赢！

齐威王轻蔑地让人将之前赢得的银钱都拿出来，又另加了1000两黄金下注，以示志在必得。

田忌按照孙膑教自己的法子，用下等马去对上等马，田忌输了。

齐威王取笑道，真没想到，孙膑先生竟然出了这么差劲儿的主意！

孙膑和田忌没有理会，准备第二场比赛。这一次，田忌用上等马去对中等马，田忌赢了。

齐威王略微有些惊慌，不住地引颈观看。

第三场比赛，田忌用中等马去对下等马，又赢了。

果然如孙膑所言，三局两胜。

这是一场奇巧的赛马。同样的马匹，由于顺序不同而导致不同的结果。

赛马这种运动，历史很漫长，它的产生，与人类的自我保护心理有关。

最早，原始人抵抗大自然的能力低下，在一些野兽面前，他们胆怯地感觉"自愧不如"。他们没有翅膀，不能飞行；没有蹄子，不能疾跑；没有鳍鳃，不能泅渡……他们很想拥有种种特殊的功能，以便改善窘境、困境、险境，为此，他们努力攀登或跳跃，努力奔逐或戏水，逐步地改善了体质，增强了能力，也导致了体育的起源。在这之后，他们的思想更为进步，开始学会从动物那里借力，比如，他们借助马的力量来运载、骑乘或嬉闹。在这个过程中，赛马就不知不觉地产生了。

赛马，基本都是比赛速度。而速度，是由马的奔跑能力和骑手的驾驭能力决定的。孙膑依靠调整马的顺序来达到获胜的目的，扮演的是一个场外教练的角色。

除了赛马，在春秋战国时的休闲娱乐中，赛车也是不可或缺的一种竞技。

贵族们用4匹马拉车进行赛跑，场面惊心动魄。但它过于奢侈，平民没有机会参与。因此，这时候的赛车，都由贵族充当赛车手，赛车场好似贵族的赛车俱乐部。

扩展阅读

战国人触龙一日走3~4里地，进行体育锻炼。魏晋时流行服用五石散，五石散有毒，服后皆走路，出现了"散步"一词。唐朝人认为，走街可去百病。明朝则走桥。

◎举重里的杀气

文明之初，兵器尚不发达，在比拼中，力量很重要。这使得举重开始出现了。

历史进入春秋战国后，职业的举重能手已经诞生了。

他们在锻炼全身的力量时，拥有了专门的举重器械，最早使用的便是大鼎了。鼎由青铜制成，一般是三足两耳，抓握时不易脱手。再次，鼎有很足的分量，能在众人面前举鼎实在是一件让人非常骄傲的事情。

在古代的举重家中，有人能将一只巨鼎举过头顶。

当然，也有人能怀抱大石还镇定自若，还有人能用双手滚弄一个青铜大壶。

也有举大门栓的，这要起源于孔子的父亲叔梁纥。

叔梁纥是一个有名的大力士，而且，非常忠勇。有一次，鲁军攻打逼阳城，叔梁纥从征。逼阳城中的人设下计谋，准备打开城门，引诱鲁军深入，待有一半鲁军进入城中时，再关闭城门，将鲁军分割开来分别围剿，消灭干净。

鲁军不知是计，见逼阳城门开了，立刻往里冲。叔梁纥正在监督运送军粮，猛抬头时，突然注意到逼阳人正抽出"翘关"，往下落城门。

情况万分危急，叔梁纥一边呼喊，一边冲向城门，神话般地以一己之力顶住城门。陷入城中的鲁军猛然惊觉，急忙往外跑。叔梁纥就这样一直托举着城门，等鲁军都跑出来后，才离开危险之地。

"翘关"的关，就是城门的大木门栓，控制城门的开闭，每天都需要人上栓和下栓。上下栓说起来简单，做起来特别费力量，很多人都难以胜任。所以，叔梁纥能够手举城门，是非常不简单的。

此后，很多人都以举门栓练习举重。

值得一提的是，孔子与人们印象中弱不禁风的儒生不同，他和他父亲一样，也是一个大力士。他跑步飞快，甚至可以追上跳跃的兔子；力气很大，甚至能扛起城门上的门栓。不过，孔子为人低调，除非万不得已，否则他不会在众人面前展现自己的本事，以免有炫耀的嫌疑。

像孔子这样的文人都有如此强悍的技能，那些每日冲锋陷阵、骁勇善战的武将的力量如何就可见一斑了。

鲁国有一员大将，在参加战斗时，越战越勇。杀得兴起时，他竟然一手抢起披着甲衣的马车大轮，另一只手挥舞着大戟，在战场上冲来闯去，将敌人杀得屁滚尿流。

大力勇士如此勇猛，若拥有了他们，无疑就能够拥有一些安全上的保障。因此，各国国君都想拥有这样的随从。

另外，兵书上还记载道：如果军中有能扛鼎的人，一定要把他选出来格外优待，要"爱而贵之，是谓军命"。把扛鼎的力气都看作军命，说明对大力勇士的重视，已非一般可比。

▲举鼎石雕，是最早的举重图像之一

为了引纳大力勇士，国君们想尽了办法，不惜撒出大把钱物，抛出高官厚禄。

秦国国君秦武王就招纳了很多举重冠军。秦武王本人也是一个大力士，他年轻气盛，虚荣心很强，喜欢在别人面前举鼎，以彰显自己的力量之大。

有一次，秦武王带兵东征，在周朝的宗庙里发现了很多鼎，其中一只足有几千斤重，上面还刻有秦国的地图。见了此鼎，秦武王很激动，有些按捺不住了，手很痒痒。

他问身边的大力士乌获："你能举起这个鼎吗？"

乌获长得粗大壮实，看起来笨笨的，实际上他很有头脑。他听了秦武王的话，暗道不好，秦武王本就喜欢争强好胜，若是自己说能举起来，那他岂不是要和自己较量一番？而且，这鼎乃是宗庙里的礼器，若是被举起来，指不定会发生什么不祥的事情。

想到这里，乌获便告诉秦武王，说自己无能为力。

秦武王又去问另一个大力士孟说。孟说心思粗犷，没有体会到这一点，他擦擦手掌，便说让他来试试。

他走到鼎边，活动了一下筋骨，抓起鼎耳，轻而易举地便把鼎举了起来。

秦武王见孟说如此神力，心里不服气，连忙说也要试试这鼎。他走过去，用尽力气，终于也把鼎给举了起来。

众人连连啧声，赞叹不已。这一下可把秦武王给冲晕头了。他想，孟说都能轻松地举起鼎来，自己身为一国之君总要比他强一点吧？

于是他便想走几步，以显示自己的力气比孟说大。谁知，他没走几步，便用尽了力气，鼎哐当掉了下来。秦武王被砸中，没过多久，便失血过多而死。

此事只怪秦武王太过争强好胜，可他毕竟是一国之君，臣下没有及时制止和保护他，这被时人认为是大逆不道的。因此，可怜的孟说被判罪砍头，连一家老小都没有逃脱罪罚而全部冤死了。

举重活动里蕴含着如此大的杀气，真是让人惊诧。

尽管孟说倒霉地死去了，但是，由于各国征召举重人员的条件十分丰厚，让人垂涎，所以，练习举重的士兵和平民，还是数量很多。而且，还出了不少能人。

秦始皇统一六国后，到博浪沙一带巡游，韩国的余党张良为了给韩国报仇，便雇了一个大力士埋伏在路旁。当秦始皇一行经过时，此人便举起一个120斤（相当于今天的62斤）的大铁锤，猛地朝车队扔了过去。不过，没有击中，只砸坏了车队中的一辆车，秦始皇安然无恙。

到了汉朝，举重运动仍然受到重视。为了引纳更多的大力士，朝廷甚至还增设了"鼎官"；在王侯的食客里，增设了"鼎士"；在军队里，增设了"材官"，材官可以拉开5石弩。

然而，强盛的国势使汉朝的娱乐兴盛起来，举重逐渐从军事中"退役"，开始走进了杂技的阵营中。举重里的杀气少了，多了些喜气。

举重不像其他运动有趣味，它是一项很枯燥的活动，只有少数人喜爱。汉武帝对举重感兴趣，他为了让更多的人都和他一样感兴趣，在角抵戏里设了一个举重表演，名曰"乌获扛鼎"。与昔日将鼎上举下放的枯燥重复不同，表演者会抛弄像车轮或是铜壶之类的重物。这样一来，就吸引了更多的观者。

此外，还有弄大瓮、弄石臼等表演，既表现了力量，又表现了技巧。

到了隋朝，宫廷中也常设抛接重物的表演，不光是抛接大鼎，还抛接石器，抛接陶器。后来又演化成顶坛子、顶缸、顶桌子等。

唐朝对举重的理解，比较严肃，沿袭了远古的传统，试图将它纳入军事卫戍中。女皇帝武则天特意把"翘关"列入武举制的考试中。武举中有专门用来翘关的木杆，长一丈七尺，粗三寸半，举10次才算及格。

举重到了宋朝，又被归纳到娱乐中，花样更多了。有举石球，也有掇石墩。举石头是一件非常困难的事情，通常，被举的石头都被磨得像一颗鸡蛋似的光滑，几乎没有

可以下手抓举的地方。举这种石头，除了需要力气以外，技巧更是重中之重。

　　明清两朝时，考武举的考生，需要舞刀。这是一种特制的大铁刀，重的足有120斤，就算轻的也有80斤重。刀本来就重，考生们还需要拿着它上下前后地舞刀花，更是难上加难。

　　舞完了刀花，考生还要把特制的石器举起来，要离地面1尺以上，上及膝盖或是胸膛。这种特制的石器，有3种重量，每一种都不是常人能提起来的。

扩展阅读

　　哲学家墨子重视军事体育，将射御视为士之贤能的标志。他还注重培养学生的侠客精神，使学生个个武艺超凡，全都重义轻利。他是开启了古代武侠先河的人。

◎规矩地射箭与射箭的规矩

郑国侵犯卫国，郑国派子濯孺子上阵。子濯孺子没能打胜，惨败后撤退。卫国的军队紧追不舍，想要斩尽杀绝。

不巧，子濯孺子又旧病发作，虚弱至极。

他慨叹道："我现在是必死无疑，连拿弓箭的力气都没有了。"

稍后，他又问车夫，魏国派来追赶他的人是谁。车夫说是庚公之斯。

子濯孺子立时精神焕发，欣慰地道："现在我不会死了。"

车夫很奇怪，说道："庚公之斯极擅射箭，能千里之外取人性命，你却说自己能活了，这是为什么呢？"

子濯孺子笑道："尹公之的箭术是我教的，而庚公之斯的箭术又是尹公之教的，尹公之是我看中的正派人，想必他的徒弟也不会差到哪里去。"

话刚说完，庚公之斯就追到了跟前。

庚公之斯停下来，问子濯孺子："为什么不拿弓箭还击呢？"

子濯孺子说道："今天我犯病了，使不得弓箭。"

庚公之斯听了，说道："我是跟尹公之学的箭术，您又是尹公之的箭术老师，我不忍用您所教的箭术对付您。可我毕竟要听命于国君，不敢不从。"

他拔出箭来，使劲儿在车轮上敲打，一会儿就将箭头敲掉了。然后，他又射了4箭，就返回卫国交差去了。

"礼、乐、射、御、书、数"被称为六艺，是周代贵族子弟学校的课程。这些贵族子弟从15岁时便开始学习射箭，并掌握5种技巧才算合格：第一是要拉满弓；第二是能连发3箭；第三是箭和靶成一焦点；第四是身要稳、手

肘不抖；第五是弓满则圆。

这就是要求习射者要规规矩矩地射箭。

除此之外，孔子认为，习射者还要掌握另外一个"规矩"。

那就是，要有"仁"有"礼"。射箭也要讲究仁礼之道，不是射中靶心就说明技艺高超，那只是练习了力气、展现了力气，而要既射中又知礼。礼射才是基本原则，彰显人格才是更高境界。

孔子的思想，与现代体育中"友谊第一比赛第二"的精神宗旨是一致的。

射箭还有其他的礼制规定，不同等级的盟会、不同等级的人，都必须进行不同形式的射箭。

在天子会群臣的大典上，要进行大射；在诸侯来朝时，要进行宾射；在天子与群臣宴饮时，要进行燕射；在卿大夫聚会时，要进行乡射。

不同的射礼上，还有不同的程序、仪式。其中，有两条至关重要：一是若射箭不中靶，便要被罚酒；二是若不能射箭，则必须以身体不适为名推脱。

被罚酒和不能射箭，对于贵族子弟来说，是很丢人的事儿。因此，他们为了保住脸面，保住尊严，必须苦练箭术。

射箭的规矩，使箭术得到迅猛发展。箭术高的人，还能得到"金饭碗"。在军中服役的箭手，射箭的本领越高，得到的待遇也越高。在群雄争霸的春秋战国时期，箭手是一个不会失业的职业，好的弓箭手往往会受到争抢。

🎐 扩展阅读 🎐

唐代医学家孙思邈活到108岁，他崇尚养生体育，主张"养心蓄精，适量运动"；莫忧思，莫大怒，莫悲伤，莫愤恨；不做身体不能胜任的锻炼，否则适得其反。

◎仿生物体操：不让肠子烂掉

3000年前的幸福，是什么概念呢？

答：长命，富，康宁，好德，尽享天年。

在这5个幸福感中，长命占到了第一位。鲁国国君就曾经问过孔子，世间是不是有寿命长的智者。孔子想都没想，说："然。"

在孔子看来，所谓"智者"，就是指生活规律、饮食节制、知道劳逸结合的人。这种人很少生病，少病便不会很早死亡，不会很早死亡便会很长寿。

这便是最早的养生体育了。

在孔子之后，还有一种理论很吃香，那就是：运动。

古人意识到，无论干什么都坐辇车的人，看似安逸，阔气得很，实则并不怎么样，因为成天坐着，会得痿蹶的毛病；日夜与美女作乐、淫乱不堪的人，看似得意，美滋滋的，实则是一种危险，因为它会掏空身体，是砍倒性命的斧子；顿顿都吃肥肉、饮美酒的人，看似有滋有味，实则有隐患，因为这种食物会烂穿肚肠。

重视第三条的古人有很多，因为前两条与平民关系不

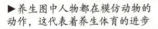

▶养生图中人物都在模仿动物的动作，这代表着养生体育的进步

大。那么，如何才能不会烂肠子呢？难道一定要"戒"了酒肉吗？

这时候，一个时髦的思想横空出世了：要运动。

为什么？

因为"流水不腐，户枢不蠹，动也"。

人也是如此，如果人总是吃坐不动的话，精气就不会流动；精气不流动，气脉就会郁结；气脉一郁结，就会生病。

这便是最早的"生命在于运动"思想。

儒家荀子进一步说，如果生养的条件都足了，上天也没法让人生病；如果生养的条件不足，上天也没法让人长命。

古人对生命科学的认识，已经很深入了。随之，出现了许多"导引之士"。

导引，书面语是"导气令和，引体令柔"；翻译成俗语，就是：调节呼吸，吐故纳新，让身体处于和畅状态；活动身体和关节，让肌肉柔韧有力。

这可以说是体操的始祖了。

里面涉及的呼吸，是指深呼吸，是一个"行气"的过程。具体行气时，要深深地吸气，让气像水流一样涌下去，冲至丹田；然后，再缓缓地呼气，让气像草木生长一样长上去，达到最高端。

这一个呼吸的回合，术语叫"小周天"。对养生体操的发展，有重大影响。

就在战国时，一套比较成熟的"体操"诞生了，那就是"熊经鸟伸"。

熊经鸟伸看起来有点儿像跳舞，但它不是舞蹈。它是由舞蹈引申出来的导引术，通过模仿动物的动作，来锻炼自己。具体动作很有趣，一时模仿熊攀树，一时又模仿鸟展翅，动作奇异、生动。

　　熊经鸟伸，是古代养生体育中的一个经典符号，预示着体育养生已经走出关键性的一步。

扩展阅读

　　大禹治水时，以玄鼋为图腾，替代了原先的麒麟图腾。玄鼋，即天鼋，也称鳖，俗名团鱼。玄鼋被推崇到如此高的地位后，因它是水中生物，所以促进了游泳的发展。

◎贴身的角抵

"摔跤"一词很"新鲜",它不是古代发明的,而是近代才出现的。

在烟气流荡的上古丛林中,虽然摔跤活动已经存在,但古人多是以头相抵、以身相抵,所以,它被称为"角力""角抵"。

蚩尤是个角抵之王。蚩尤统率九黎族部落千里迢迢跑到涿鹿平原,与黄帝进行决战。蚩尤部落炼制了铜、铁,制成威风凛凛的装饰,戴在头上。当战争开始后,蚩尤与黄帝相搏,"以角抵人",气势强大,导致黄帝暂时落了下风。

所谓"以角抵人",便是类似摔跤的活动了。

这种活动,在激烈处,震撼人心。因此,古人恋恋不舍,代代流传,并发展起一种"蚩尤戏"——头戴牛角,三三两两地相抵而搏。到了后世,便发展成摔跤、拳术等对抗性的体育活动。

到了周朝,每一年的冬天,周天子都会把将领们召集起来,检阅军队,要求将士们进行射箭和角力的演习。

"角力"一词,就此被创造出来。

角力不仅是力量和勇气的比拼,也是智慧和谋略的较量,不仅力量要过关,斗智斗勇才能制服对手。这种富有刺激性的活动,深受将士们的喜爱。

▼半裸的角抵,角抵后来改称为相扑

战国末年，角力已经开展得如火如荼。这种贴身的肉搏，起到了练武和娱乐的双重作用，并有了竞技比赛。

在战国的田间地头上，村民小憩时以进行角力比赛为赏心乐事。参赛的二人麻利地剥掉上衣，搂抱在一起扭打来扭打去。他们互相用一只手扣住对方的腰，另一只手扳住对方的腿，相持许久，难解难分，纠缠不散，情形十分紧张，又十分可乐。

不知是哪一位有心人，将这个情景刻画到石雕上，永远地留存了下来，成为了历史上最早的摔跤形象。

秦始皇统一中国后，为了削弱其他人的武力，巩固自己的政权，禁止任何人私藏武器。由此，练武的风气也就慢慢衰落了。角力奄奄一息，改为了"角抵"，只出现在宫廷娱乐的表演中。

秦朝第二代皇帝尤其沉迷角抵俳优的表演，终日看不够，自己也常比划几下。当起义军的战火燃烧到函谷关，就要攻入都城时，他还看得兴致勃勃、浑然不觉。

角抵后来又改称为"摔胡""拍张"等，无论叫什么名字，始终都不缺少拥趸。

扩展阅读

汉代的戏车是娱乐体育，表演时，前后马车的高幢上各有人做倒立、悬垂等，两车间用绳索牵拉，绳上有人高空行走。若两车速度不一致，就会致人死伤，极为惊险。

◎投壶：射箭的变种

投壶是弓箭的变种运动，可谓弓箭雄武，投壶文雅。

古人为什么要把弓箭转化为投壶呢？为什么要弃雄武而就文雅呢？

答案很简单，习射太难了。

射箭大多应用在战场上，它虽然锻炼身体和意志，可学起来却很辛苦，必须要经过刻苦和漫长的练习。对于上层社会的贵族来说，这显然是一种苦差事。他们觉得很煎熬，但又不想彻底放弃射箭，怎么办呢？

任何一个朝代都有聪明人，这时候，又有一个无名的聪明人站出来了。他想出了一个折中的法子——把箭靶用宴会上的酒壶来代替，改拉弓射箭为用手投箭，这样一来，既轻松又好玩。

投壶就这样问世了。

投壶所用的箭，与一般的箭不同。它的前段做得很细，没有箭镞，称为"末"；箭尾做得更加粗大，且没有箭羽，称为"本"。

最初，为了防止箭从壶里反弹出来，壶里常放有小豆粒。但这样的话，趣味性就小了。

为了增加趣味性，壶里又不放小豆粒了，空空荡荡，什么也没有。这样投进去的箭就很容易反弹出来，增加了难度和技巧，变得更好玩了。

很多人投壶水平高，一投一个准。

投壶的玩法简单，却有很烦琐的礼节。当两个人一起投壶时，各执4支箭，要根据气候和时间，来选择投壶的地点；而且，在不同的地方，投壶的距离也不同，如在室内投壶，距离就需5尺，如在庭中投壶，距离就需7尺，如在院中投壶，距离就需9尺。

▲投壶之壶精致无比

"礼射"渐渐被投壶代替了，成为了宴饮中不可或缺的一部分。

投壶有时候还肩负着"外交"使命。

春秋战国时，各个诸侯国的国君几乎都擅长投壶。这些诸侯在战场上时有虎狼之势；但在家中埋头练习投壶时，却又像认真的孩童。经过练习，许多诸侯的投壶技术都到了一种超凡的地步。晋侯和齐景公就是其中的佼佼者。

有一次，晋侯和齐景公相邀宴饮，酒宴酣畅时，二人兴致极高。由于他们都热衷于投壶，便决定比赛一番。

晋侯投壶时，他的谋士说道："晋国的酒多如淮水，肉比水里的高地还多，若是国君投中，则是为诸侯至尊。"

言毕，晋侯一投便中，得意至极。

齐景公不甘示弱，拿起箭来，说道："齐国的酒多如渑水，肉多如山陵，若是我投中了，则代替你成为诸侯中的霸主。"

说完，也是一投即中，心花怒放。

投壶如此受到青睐，投壶技术高超的人，自然也不用为衣食发愁。

汉朝时，有一个郭舍人，他是一个倡优，在皇宫里为人解闷。郭舍人不仅能言善辩，说笑功夫极佳，还有一手常人所不及的投壶技术。有一次，皇帝让他侍宴，他表演了投壶，竟然用一支箭连续投了100多次，看得众人目瞪口呆。皇帝也惊讶得不得了，等他的表演结束后，立刻赏赐他金银绸缎。从此，郭舍人宠遇甚隆，甚至超过了一些有功的大臣。

隋唐时候，投壶几乎无所不在了——"对酒娱乐，必雅歌投壶"。几乎所有的人都认为，投壶是一种很优雅的娱乐，可以排忧解烦。尤其是士大夫们，他们把它当成必不可少的活动。

在这样抢手的气氛中，专门用于投壶的器具也逐渐繁

▲投壶由射箭演化而来，图中人物正在排队投壶

多、花哨，投壶的技术也变得越来越烦琐、复杂，许多投壶能手几乎到了超凡脱俗的地步，甚至隔着屏风，就能精准地投壶。

宋代的儒学家觉得，投壶讲礼仪规则，与古代礼制关系密切，因此，若参加投壶活动，就"可以治心，可以修身，可以治国，可以观人"。在这种思想的带动下，投壶与修养品德紧紧联系在一起。

宋朝名人司马光有着高尚的品德，他曾经想卖一匹马，马得了肺病，他提醒管家要告诉买家。管家不以为然，说卖东西怎么能把毛病说出来呢？司马光正色道，马卖多少钱事小，不讲实话败了名声事大。不久，司马光升任丞相，但他没有张扬，家里的老仆还称他为"秀才"。某一天，苏轼来访，听闻这个称呼，戏谑道："你家主人已经是宰相，不是秀才啦，我们都称他'相公'。"老仆大惊，以后每见司马光，都毕恭毕敬地尊称"相公"。司马光跌足叹息，说苏轼教坏了老仆。

这样一个德智馨香的人，嗜爱投壶，甚至还著了《投壶新格》一书。书中非常详尽地规定了投壶的方法、花样和计分规则，提倡注重儒家"寓教于乐"这一思想，以投壶来培养遵守礼教的品德。

投壶后来传入日本和朝鲜，也演变成了外国人的传统活动。

扩展阅读

记载最早、最完备的幻术节目，是汉朝的"鱼龙漫衍"。它气势恢弘，含有魔术因子、歌舞因子、戏剧因子，因而，也包含了体育因子；甚至成为"百戏"的代名词。

◎跑出的文明

一群原始人正在狩猎，他们奔跑在荆棘、沟壑间，有一个人跑得最快，冲在最前面。不一会儿，这个人就追赶上了惊慌的鹿。另外一些人赶上来，把鹿围剿了。

那个跑得最快的人，受到了景仰、尊重和羡慕。因为他不仅追捕动物神速，在逃避野兽袭击时，也快如闪电。跑步是当时最重要的生存技能，跑得快的人更容易活下去。于是，这个人成了"跑步英雄"。

原始人开始有意识地练习跑步。渐渐地，更多的"跑步英雄"出现了，他们都能追上奔跑的小兽，这为他们带来了足够的食物。

他们的能力，让他们逐渐克服了对大自然的恐惧。

有了自信，就有了梦想，他们的精神世界，变得美丽了。

原始人对跑步的崇拜，还催生了一个著名的故事：夸父追日。

在黄帝时代，北方住着一个叫做夸父的巨人，他觉得自己的奔跑速度无人能及。太阳每天驾着金车从东边升起，又从西边落下，一瞬间，便跨越了无数山河。夸父觉得，自己若是能追上太阳，便真称得上是奔跑第一能者。于是，他下定决心，要追上太阳。

他不惧高山险阻，迈着大步向太阳追去。四周的景色迅速变换，夸父跨过河流、甩开高山。太阳已经近在咫尺，胜利的希望就在眼前。

可是，由于太过接近太阳，炎炎的烈日让夸父难以忍耐，他俯身痛饮江河水。这一下子，黄河被他喝干了，渭河也被他喝干了，他还是口渴难耐，即使之后在大泽饮水也难以消除口渴。

最终，夸父干渴而死。他倒下了，手杖化为了一片桃林，桃子甘甜可口，滋润每一个路人的口与心。

这可以说是最早的跑步比赛了，只不过对手不是人，而是太阳。

现在的很多田径项目，其实在原始时期，在人类社会中发挥了巨大的作用。

"跑"和"跳"这两个字，在古文字中并没有出现。但是同它们意思极其相近的词语，早已出现在古籍当中。

比如，和"跑"同义的词有：奔、趋、走、利趾；和"跳"同义的词有：跃、超距、逾高、踊等。

春秋战国时，跑步还是一项很重要的技能，出现了不少飞毛腿，他们的速度和耐力足以使今人望而兴叹。

周成王的身边，有一个叫做令的随从。有一次，周成王带领臣下和奴隶一起去田场春种。在忙活完了农事之后，又进行了骑射比赛。正准备回宫时，兴头上的周成王对令说："如果你能一直追上我的马车，我就赏你十家奴隶。"

言毕，周成王命驭车手驾车疾奔。

那名叫令的随从，赶快紧紧地跟从。

他当真是一个飞毛腿，一直到皇宫都紧紧地跟在马车边。

周成王大喜，信守承诺，赏了十家奴隶给了令，并将此事刻在了一个大鼎上。

长跑为什么会让帝王如此之喜呢？

原因在于，在那个时代，战争不息，需要越来越多的步兵。步兵要协同车战。车战是战场上常见的战术，由四匹马拉着战车在前方冲锋，数名步兵跟在战车后兼进攻和保护的作用。步兵要与战车密切配合，距离战车越近作用越大，因而，长跑就成为了一个步兵的必备能力。而这种奔跑能力，也成为战斗胜利与否的一个重要条件。因此，为了培养士兵的速度、耐力和跳跃能力，各国将田径运动第一个列入了军事训练中，成为了军营生活的重中之重。

奖励和强迫，是选出善跑人才的两种方式。

秦、楚、齐三国之间常常爆发战争，所谓兵贵神速，能快速行军成为了占领战争先机的重要条件。于是，这三个国家便在征兵条例里规定，入伍的士兵若是能够带着武器、身穿铠甲，在一天之内跑完100里路程，便能升为甲士，而甲士将获得良田美宅的赏赐。

▲古壁画中包括各种体育形式，如跑步等

这种奖励制度，让许多人大为振奋。为了奖励而拼命练习长跑的人不在少数。于是，这些国家便得到了许多长跑人才，组建了一支行军能力非常强的队伍，国家的安全得到了保证。

与之相反，吴国采取的是强迫的方法。

吴国创造了当时的闪电战术，以铁腕政策培养出了一支行军非常快速的铁军，突袭楚国，五战五胜，甚至将楚国的首都都给占领了。这些士兵之所以能有如此的行军速度，与吴国的训练方法有着非常密切的关系。

吴王阖闾拜孙武为军师后，孙武制定行军规则：若是士兵不能全副武装跑完300里路则会遭到军法处置，中途不得休息。士兵们为了逃过处罚，只得苦练长跑。

现在的马拉松比赛已经是一件非常锻炼人的运动，而吴国这些士兵们需要跑得更长才允许休息，此间的苦累可想而知。

魏国也将长跑列入了选拔步兵的考试中。士兵必须在披坚执锐，并且要携带需要12石力量才能拉开的强弓劲

弩、扛上3天口粮的情况下，在半日内跑完100里，才算合格。

虽然很是苦累，可若是有人能通过考核，这人家里的赋税则会被免除。

战国时期，不仅仅是步兵需要优秀的长跑能力，车兵也必须善跑才行。那时候合格的车兵身高马大，跑起来能追上快马，连那些正在疾奔的战车也能快速追上，并且一跃而进。

对车兵和骑兵的选取，也非常的严格，对年龄有很高的要求，身高在七尺五寸以下的人，也不能入选；对力量和耐力也有很高的要求，要求车兵能够跑步追上疾驰的战车，能在高速驰行的战车里自由活动，甚至要能在飞奔的车中拉开8石的强弓劲弩攻击敌人。

这些国家挑选和训练士兵的方法都不同，结果却相差不大，都拥有了一大批善跑的人才，推动了长跑运动的发展。

到了汉朝，除了军事上需要训练长跑能力以外，长跑的人也同样在官吏礼制中有需求。

汉官中有一种叫做"伍佰"的小官吏，相当于周朝护卫王车出行的虎贲。这些人的职务便是在高级官吏的马车前鸣声开道，这就要求他们能够跟随马车的脚步，否则难以胜任这一职务。

按照汉朝的制度，伍佰在公爵一级官吏的车前是8个人，在太守一级官吏的车前是4个人，在县级官吏车前则是2个人。当时官吏极多，也就是说需要许许多多的伍佰才行。

因此，汉朝有许多锻炼跑步能力的措施，有了专门的跑步训练方法，并且创立了蹴鞠这一项游戏活动来锻炼跑步能力。

在《养生方》中，更有"疾行方"来描述如何提升跑

步的能力。

"疾行方"中共有10条方子，有5条是巫术、禁咒和祈祷，另外5条则是服药的方法。从科学的角度上来看，这些方法都不能真正起到提升跑步者身体能力的作用，但是服药或者施了巫术后，会给跑步者带来一种心理暗示，使跑步者的速度和耐力得到了提升。

汉代人对长跑的热情可见一斑。

五代十国时，庐州人杨行密是一个"神行太保"，可日行300多里。

"神行太保"不仅出现在军事训练中，而且也为古代传送书信的邮递培养了不少长跑人才。

文书邮递在宋代分为步递、马递和急脚递三等。急脚递则是三等中最快的方式。战争时期所设的用跑步接力的方式递送信息，一天可跑400里的方式便是急脚递。

在宋神宗年间，还出现了一种有金字牌的急脚递。红底金字的木牌被士兵持在手中，发出的闪闪光芒在老远都能看到，一旦看到木牌，行人们便纷纷让路，士兵飞奔而过，如风一般。

金国和元朝也采用了急脚递的邮递方式。金朝还设置了相当于现在的快件邮递业务的专门的"急递铺"，驿卒腰系银铃，手握长枪，行人们听到铃响纷纷避让，方便驿卒飞速前进。

后世，更多训练跑步的方法层出不穷。南北朝时期有了提高腿部力量的跳壕沟的练习，而明代抗倭英雄戚继光则让其士兵皆负重进行训练。

与大自然长期抗争的台湾岛上的古人，有着强健的体魄和彪悍的性格。善于奔跑的鹿是他们常常狩猎的对象，因此奔跑的训练对他们来说就尤为重要了。他们从小便练习赤足奔跑，脚掌上磨出了厚厚的茧子，赤脚在荆棘上奔走也如履平地。

　　长距离的奔走很容易让人疲劳，他们便想出了绝妙的法子。当要长途跋涉时，他们便在手腕上戴一个手镯，另一只手拿着铜瓦，边走边用铜瓦敲击手镯，发出清脆的声响。伴着声音他们快步前进，连快马都追不上他们。

扩展阅读

　　宋朝的蹴鞠有很多规矩，运动员只能以10个部位接球：头、肩、背、腰、胸、膝、腿、脚面、脚内侧、脚外侧。但花样极多，有"脚头十万踢，解数百千般"之说。

第三章

秦汉，形成后世体育基本格局

丝绸之路的开通，使无数西域客商使臣聚集在汉朝的长安城。在贸易和文化的往来交流中，文娱获得新的生机。很多原本属于军事范畴的体育项目，如角抵，都被改造成了娱乐。寓军事训练于娱乐的体育成为主流，激烈的色彩中，增添了奇丽的光影。

◎单于的"魔鬼训练"

箭术是一种体育活动，在古代时却往往成为杀戮的手段。

上古时代有很多射箭高明的神箭手。羿是当时很有名的一个射箭能人，很多人拜羿为师，学习射箭，他的众多徒弟中，逢蒙最为有才。

逢蒙却是个嫉妒贤能的人，他不甘心羿的射箭技术比自己更高强。他想，若是没有了羿，他便是这个时代的射箭第一人了，于是他想尽办法想要杀死羿。

有一次，逢蒙趁羿打猎归来没有戒心的时候，躲在树林里朝羿放冷箭。前面9支箭都被羿给躲了过去，第十支箭冲着羿的面部射去。羿来不及躲闪，被那箭射中了，倒在地上。

逢蒙十分得意，认为自己已经是天下第一神箭手了，便朝羿的"尸体"走过去。谁知刚靠近一点儿，羿忽然翻身而起，从嘴里吐出了一支箭。原来第十支箭被羿咬在了口中。逢蒙的阴谋最终落了空。

汉朝时，一起血腥的射杀阴谋发生了。

冒顿是匈奴头曼单于的儿子，原本是匈奴的太子。不料，头曼单于在宠幸了一位新娶的年轻阏氏（妻妾）后，想改立这位阏氏的儿子为太子。于是，头曼单于便将冒顿当作人质派到月氏国去。随后，他又发兵攻打月氏。月氏人十分恼怒，便想杀死匈奴太子冒顿，冒顿知道后连忙从月氏人手中夺来一匹好马，逃回了匈奴。

冒顿还未满弱冠之年，就做出这样惊人的举动，他的勇敢，得到了父亲头曼单于的赏识，将万骑交给冒顿统领。

头曼单于的阏氏为了控制冒顿，强迫冒顿娶了一个名叫颛都隆云的女子。颛都隆云刚刚十几岁，青春美丽，虽

▲弓箭被古人视为必习武器，图为满载而归的弓箭手

然她知道自己的婚姻是政治婚姻，但是，她没有想到等待自己的竟是极为惨烈的结局。

冒顿非常不满，心怀愤恨，对颛都隆云只是虚与委蛇。他暗中将父亲送他的将士训练成了一支只效忠于自己的队伍，时刻等待着谋权篡位的时机。

匈奴人自小在马背上长大，射箭的技术一流，甚至强于中原。冒顿不满足于此，又精心制造出了一种名叫"鸣镝"的响箭，他规定："鸣镝所射而不悉射者斩。"意思是，凡是他的响箭所射的目标，如果有哪一个不跟随他去射的话，那么，就要砍头。

冒顿果然这样做了。当他外出打猎时，他射出了一支鸣镝，有几个随从没有随同他往同一个方向射，结果，全都被他杀死；他又用鸣镝去射自己的宝马，这匹马异常昂贵，有随从忐忑不安，犹豫不决，还是不敢射马，结果也被立即杀死。

如此魔鬼一般的训练，让冒顿的部下噤若寒蝉。在恐惧中，他们养成了以冒顿的一举一动为行事准则的习惯。

有一天，冒顿在住所旁随意走动，他的妻子颛都隆云一时也走出来。这个女子看着天上的云朵、远处的树丛，什么也没想。冒顿迅速拉弓搭箭，以鸣镝射向颛都隆云。冒顿的随从见状，想都不想，立刻全部发射箭支。颛都隆云在箭雨中刹那倒下，没有发出一丝声音，悲伤的眼睛仍旧凝望着苍穹。

此事过后，冒顿知道，部下已经完全效忠于自己。于是，他在一次随父亲头曼单于出去打猎时，以鸣镝射头曼单于，部下们也随之放箭射杀，头曼单于当场被射死。

之后，冒顿又诛尽异己，把头曼单于的阏氏杀掉，连同父异母的兄弟都不放过。最终，他成为了匈奴的单于。

冒顿的强大阴鸷，让汉朝非常戒备。为此，朝廷强行推行射箭技术，规定，最基层的行政长官亭长必须学习5

种兵器，而在这5种兵器中，弓箭处于第一位；服兵役的成年壮丁，也要接受两年军事训练，射箭便是训练中的重要内容；壮士作为预备役，或士兵退役后，不管他们是不是回家种田还是做小买卖，都必须锻炼箭术，因为随时可能被重招入伍，而亭长就负责检查这些人的射箭水平如何。

这种训练，漫长而寂寞，十分苦楚，也堪称一种"魔鬼训练"，因此，许多人都熬不下来，神射手依旧寂寥。但是，这种广泛撒网的训练，却带动了重视体育的风气。

扩展阅读

弄矢是一种投掷箭的娱乐体育，与抛丸有些类似，是将若干支箭轮流抛到空中，再用手承接，十分惊险刺激。汉朝有一古姓先生，最擅弄矢，经常被特邀演出。

◎汉代的专业足球运动员

古代有很多嗜球如命的人。春秋时的齐国，有一个叫项处的人，得了大病。名医仓公诊断后，让他不要太过劳累，否则会吐血而死。谁知，项处实在是太喜欢踢球了，他忍了几天球瘾后，终于还是没有忍住，挣扎起来，跑出去踢了一场球。之后，便吐血身亡了。

汉朝皇帝刘邦的父亲，也是球瘾至深的人。刘邦当上皇帝之后，将父亲刘太公接进宫里安享晚年，锦衣玉食任他挑选，日日有人表演歌舞给他看。按理来说，刘太公应该十分满足这种生活才对，岂料被接进宫后他便郁郁寡欢。

刘邦很纳闷，问刘太公，刘太公又不说。刘邦又去问刘太公的好友，终于了解到，过惯了平民生活的刘太公不适应宫里的生活。在家乡丰邑，刘太公与贩夫走卒打成一片，常在一起斗鸡、踢球，现在在宫里虽然吃得好穿得暖，却失去了这种快乐和闲适。

▼中国是足球的发源地，图中侍女手提的就是足球，古称蹴鞠

刘邦恍然大悟，下令在长安城东边百里的地方，按照丰邑的模样修建了一座新城，将丰邑的老百姓都迁移了过去，刘太公夫妇也从宫里搬进了新城，在城中与昔日旧友一起又回到了斗鸡和踢球的悠闲中。

战国时期的踢球倾向于自娱自乐，而汉朝则改变了玩乐的方法，将踢球融于竞技当中，创立了比赛。参加这种比赛，既能锻炼跑步的能力，又能娱乐身心，受到超乎想象的欢迎。

汉朝把踢球称为蹴鞠，蹴鞠在汉朝的风靡激荡人心，甚至出现了专著《蹴鞠》。可惜，《蹴鞠》在南北朝时期便已失传了。

汉朝人蹴鞠时，要分队对抗，每队12人，6人负责进攻，6人负责防守。每一边都有6个球门，将球射进球门即为胜。球员们已经非常专业了。

蹴鞠和现在的足球有些不一样的地方，虽然都是用脚踢球，可在蹴鞠中，若是遭遇对方拦截，双方还可以用手推搡和扭摔。当然，若想获胜，最好的方法还是快跑。

与现在的足球比赛相同，蹴鞠的场地也是十分阔大，被称为"鞠城"。双方一共24个人在鞠城中跑来跑去地运球、踢球，跑步能力得到了极大的锻炼。

跑步可以锻炼长跑的耐力和爆发力，互相推搡又是对身体力量的锻炼，都是军事战斗必需的技能。因此，蹴鞠比赛就如同战争一样激烈迅猛，促进了军事体育的发展。

经过长期的比赛，蹴鞠有了明确的规则，有了专门的裁判。裁判很公平，不以亲疏论输赢，没有私心，端心平意，一点儿也不会引起埋怨，也不会惹来是非。

"天人合一"的伦理思想，在蹴鞠中有明确的体现。球是实心圆球，球场是方方正正的，体现了"天圆地方"的阴阳道理；场上一共有12个球门，代表了一年的12个月；而每边都是12个人，场上一共24个人，符合24节气。

　　蹴鞠比赛时，就是一个小型社会，球场上有裁判，踢球有规则，与社会上有官吏、有法律相同。参赛的队员都要遵纪守法，凭真本事夺胜。

扩展阅读

　　古代传递文书靠士卒疾行来完成。"轻足"，意思是快速走路。《说文》中这样解释"行"："人之步，趋也。"这里的"步"即是"行"，表示慢走；"趋"是快走。

◎摔出来的奇迹

　　金日磾是匈奴王子，汉朝大将霍去病攻打匈奴时，把他俘虏，抓到了长安。汉武帝没有杀他，让他在皇宫里负责养马。

　　金日磾十分忠厚老实，慢慢地得到了汉武帝的赏识，把他提升为寝宫卫士。

　　有一天，叛臣莽何罗突然谋反，带着武器闯入寝宫，准备行刺汉武帝。情况危急，汉武帝无处可躲，就在这千钧一发之时，恰巧在宫中的金日磾发现了危机，匆匆赶来，冲过去一拳将莽何罗的武器打落下来。接着，他卡住莽何罗的脖子，将莽何罗摔倒在地。

　　金日磾没有杀死莽何罗，而是交由汉武帝审判。之后，

▼摔跤备受古人喜爱，图为摔跤的僧人

阴谋大白于天下，所有的叛臣都被揪了出来。

立下大功的金日磾，被提拔当了大臣，后来还成为了汉武帝的托孤重臣。

真是想不到，一次与敌人的摔跤，竟让金日磾一步登天。

摔跤是一种常见的技能，也是一种休闲活动，每一个朝代，都有精通摔跤的勇者。

摔跤在汉朝已分为好几种不同的类型。其中一种便是金日磾使用的方法——一手抱住对方的腰，另一只手扳对方的腿。还有一种无固定抱法，可以使用击、打、摔、拿等多种形式的摔跤。另外从朝鲜传过来的固定搂抱对方腰部的方式。

角力者都是一些身体强健的壮汉，他们在摔跤时都只穿长裤或短裤，显得虎虎生风。不过，到了三国时，竟然出现了窈窕的宫女摔跤手。

孙皓是吴国的亡国之君，他十分喜欢看摔跤。可孙皓却有一种病态的观赏心理，他常常让宫女们进行摔跤比赛，还让宫女们头戴饰有垂珠的金首饰。当她们互相扭打、推搡、跌倒时，这种首饰就纷纷掉落或摇摇欲坠，这是孙皓最沉醉的时候。

可是，这种摔跤比赛极其奢侈，首饰坏了孙皓便命令工匠重做，耗资巨大，令人叹息。

作为一门格斗，摔跤也含有一定的技术。各流派的摔跤好手互相较量、切磋，吸收不同的优点，摔跤才能更好地发展。但一些狭隘的民族情绪常常作祟，使得切磋交流有时候竟会成为生死大战，很多摔跤手们轻则伤残，重则当场殒命。

晋朝皇帝司马炎掌政时，从西域来了一个胡人。这个胡人十分擅长摔跤，与晋人比拼，所向披靡，从未输过。皇帝觉得，朝中若无人敢与此胡人相搏，实在是让自己面

上无光,便从民间招募勇士,最后找到一个十分勇武的壮士。壮士与胡人进行了生死相搏,胡人最终命陨他乡。皇帝这才满意了。

但更多的时候,摔跤常常是酒宴上的助兴表演。职业的"角抵队",在南北朝时便已经出现了。

扩展阅读

汉朝的蹴鞠有严格的规则,由裁判来监督执行。裁判执行这些规则就相当于执行法律,这使得遵纪守法的观念得到很好的灌输。现在称裁判为执法就是由此而来。

◎霍去病：真正的球迷

霍去病是汉朝杰出的军事家，他在17岁时，便在漠南击溃匈奴的军队，立下汗马功劳，因此，皇帝封他为骠骑将军。

19岁的霍去病，在公元前121年的春天，独自率领一万精兵征讨匈奴。

虽然只有19岁，可他却不负众望，在6天时间里，在沙尘滚滚的大漠中，转战匈奴5个部落。

他带兵勇猛，闪电突击，打了漂亮的迂回战，最终打败匈奴。他也为此付出了极大的代价，遍体鳞伤，一万精兵只剩下三千余人。

又过了一段时间，霍去病孤军深入匈奴腹地，在祁连山追杀匈奴。一战下来，他斩杀了3万多匈奴人。此后，匈奴不得不撤退到焉支山北。

到了公元前119年春天，霍去病再次深入匈奴。他率领5万骑兵，与匈奴主力相抗。

这次，他碰上了匈奴的左贤王，他率领汉军跨越了大沙漠，一路杀敌，一直打到了翰海，足足深入2000多里，歼敌7万多人，而他只损失了1.5万人。

▲雕刻上的蹴鞠图，花样繁多

其间，霍去病经受了军粮不济的考验。在军心动荡的时刻，他镇定自若，率领将士们在漫天的风沙中进行蹴鞠比赛。

霍去病是一个蹴鞠爱好者，一个真正的球迷，蹴鞠能让他忘掉烦恼，胸襟充满激情。另外，他也想借着蹴鞠刺激萎靡的情绪。

霍去病带着众人挖足球场"鞠城"。以往在长安城时，鞠城的两端设立着名叫"鞠室"的新月形球门，不过，在荒漠中，难以建成这样的鞠室。于是，霍去病便在地上挖坑作为鞠室。

他干得兴致勃勃，汗流浃背。他的这种积极奋勇不言败的精神，深深地感染了将士们。将士们的情绪果然也高昂起来。等到军粮运到的时候，队伍的精神面貌生机勃勃。

其实，蹴鞠在汉初时也是一种军事训练方式。它是统治者为了锻炼士兵身体素质，培养他们的勇猛进取精神而开展的活动。

汉代文献中明确记载："蹴鞠，兵势也，所以练武士知有材也，皆因嬉戏而讲练之。今军士无事，得使蹴鞠。"《汉书》则直接地把蹴鞠列入"军事技巧类"。

汉朝以骑兵为主要的战斗力，战争的胜利很大一部分是靠骑兵的勇猛善战。匈奴人是马背上的民族，骑射娴熟，以拥有高度机动性的骑兵闻名天下。为了超过匈奴的骑兵，汉朝对骑兵的训练极为严苛。汉朝骑兵的马具还不完善，没有马镫和马鞍，要长期保持一个姿势御马而行，极易疲劳，腰间的肌肉容易受损，腿部容易僵麻。在这种情况下，蹴鞠就成为了绝佳的训练手段。

蹴鞠不仅可以活动筋骨关节，使骑兵的劳累大大降低，还可以锻炼士兵的耐力，更能使运动不足的下肢得到锻炼。战士由此更加骁勇善战，并能与伙伴们更加团结。霍去病之所以在塞外蹴鞠，也是为了在娱乐中练兵，缓解将士的疲劳。

汉朝蹴鞠分两种形式，一种是以表演娱乐为主的花式蹴鞠。它可以和舞蹈结合在一起，形成花样繁多、极其好看的足球舞。另一种就是霍去病在军中开展的比赛。

汉朝在社会上有一支浩大的后备军——23～56岁的青壮年男子，他们都是预备役，随时准备被征招入伍。平时，他们为拥有、保持强健的体魄，便以蹴鞠竞技来锻炼身体。

扩展阅读

汉哀帝嗜好蹴鞠，大臣们怕累坏了皇帝，便创造出蹴鞠的变种：弹棋，即用手指来弹棋子进行攻防赛。比赛与蹴鞠一样，以弹子射入门为胜，又称"桌上足球"。

◎《导引图》：全球第一个体操图解

在苍茫的远古，洪水泛滥，大地湿气沉沉，到处都是迷蒙的水汽。原始人没有布帛，无法制衣，仅仅依靠树叶、兽皮，难以抵御浓重的湿气。在极度潮湿的环境里，他们浑身不舒服，关节病时有发生，心情也越来越差。

有一个人很活泼外向，非常善于运动，经常舞动身体。一日，他无意中注意到，自己的关节不像其他人那样红肿热痛。

他急忙告诉给同伴们，舞动身体可以治疗关节问题，还可以排泄心中的苦闷。

▲汉朝马王堆大墓出土的《导引图》，是仿生体育的巅峰之作

就这样，原始人找到了一种解决身体疾病的方法。随着时光的推移，他们还发明了一种奇异的舞蹈——许多人手拉手面朝同一个方向，动作协调一致。

这种舞蹈，被称为"大舞"，是中国最古老的舞蹈。它和后来的导引之术有着密不可分的关系。

潮湿的土壤和气候，适合多种植物的生长，这导致了古人所吃的东西很杂乱。杂乱也容易致病，春秋时的古人发现了这个问题，也琢磨出了治疗的方法：导引和按摩。

模仿各种动物的动作，自来就是古代养生家喜欢的事儿。哲学家庄子对此发表了评论，说众人模仿熊挂在树枝上，模仿鸟在空中振翅，做这些事儿不过都是为了能像彭祖似的活得更长一点罢了。

彭祖名钱铿，是商朝人，他的封地在彭城，被养生家

奉为彭祖。彭祖有着极佳的导引功夫，靠着这项技能，他成为了当时最长寿的人，活了100多岁。

那么，养生家们为什么钟情于模仿动物的动作呢？

这是因为，在他们看来，人只有抛弃杂念，不受外界的干扰，进入完全的自然状态，才能取得真正的身心健康；而虎跃、马奔、猴戏、蛇行、野鹤展翅、麋鹿疾走等，都是自然天成，没有半点儿矫揉。因此，他们才推崇这种模仿动物姿态的养生方式。

在其他古文明中，是很难见到这种仿生的体育模式的。

秦汉时期，求神觅长生药的邪风，在方士中盛传，秦始皇致力于寻觅长生不老之术。汉武帝也不例外。

汉武帝听信方士之言，为了迎接虚无缥缈的神仙，修筑了无数的亭台楼阁；为了寻到能让人长生不老的仙药，甚至派方士乘船入海。但这些都以失败而告终。

汉武帝大怒，杀死了好几个方士。

之后，他终于醒悟过来，明白"天下岂有不死之药"，要想长寿，只有每天做适量运动、节欲、节食。

当汉武帝有了正确的养生观念后，导引之术得到了蓬勃的发展，长寿之人逐渐增多。

其实，早在汉文帝时期，有一次，汉文帝在全国征求古代文献《乐书》，其中一个自称是窦公的乐人前来献礼。见了窦公，汉文帝十分吃惊，他已经180多岁了！

汉文帝问窦公为什么如此长寿，难道是吃了什么仙药？

窦公静静地答道，臣导引，不服什么药。

在这种风气下，有汉朝人创作出了养生体育史上的杰作——"导引图"。

它是全球第一个体操图解，上面以工笔画有许多人物。人像一共分4排，每排有11个人，有老有少，男女各占一半；他们姿态动作各异，有的人坐着，有的人站着，有的人拿器械，有的人空着手；大部分的人都身着长衣，只有少数的人赤裸着上身；穿鞋的人，一共有30个，其他的都是光脚。

细看他们的姿态，大约分为四类：第一类是徒手做体操，大部分人都在模仿动物的动作；第二类是手持器械进行操练，拿着盘、棍、球、袋等物；第三类是呼吸行气，看起来很静；第四类是集中意念，如通阴阳、引聋、引膝痛等。

"导引图"何以分为4行呢?

这是因为在古人眼里，春夏秋冬四季不同，人应做的活动也应该有适当变化，所以，图中人物被分为4行。

图中每行有11个动作，这与人体内的11条经脉相吻合。

汉朝导引术流行，还因此产生了一种流言，说导引之术不仅可强身健体、祛除疾病，修习到最后还能轻身成仙。这种流言"袭击"了越来越多的人，他们都拼命地练习导引术。可是，过量运动也会造成伤害。

有一个名叫甘始的导引大师，他到许昌教人如何养生，深受百姓欢迎，一时间，修习之人数不胜数。很多人对此十分热情，恨不得能马上见效。有一个叫董芬的人在修习时最为积极，遗憾的是，他却因为运动过度，发生气闷，昏厥过去，治疗好久才苏醒过来，差点儿命丧黄泉。

可见，运动虽好，也要适量才行。

扩展阅读

舞蹈的原始功能是祈祷神灵保护、回顾与敌人或野兽争斗时的动作等。古人逐渐感觉到舞蹈包含体育元素，具有保健作用。汉朝文学家傅毅指出，舞蹈能强健体魄。

◎世界上最早的杂技图

历史上有一个很特殊的皇帝——汉哀帝。汉哀帝身边，有一个名叫董贤的男宠。此人英俊潇洒，极受汉哀帝宠信。

日日夜夜，汉哀帝与董贤形影不离，常常同床共枕。

有一次清晨，汉哀帝比董贤早起，董贤还在熟睡当中，身体压住了汉哀帝的袖子。汉哀帝不忍吵醒董贤，竟挥刀断袖。

这便是著名典故"断袖之癖"的来历。

汉哀帝唯恐委屈了董贤，还建造了一栋与皇宫相差不多的宫殿送给董贤，并将御用品中最好的给他，自己用次品。

董贤是一个贪婪谄媚的人，没什么本事，却被汉哀帝授予三公之职。汉哀帝在几个月之间便赏赐给他无数金银珠宝，震惊全朝。有一天，汉哀帝当着群臣的面，还说自己情愿让位给董贤，这着实让大臣们惊怒。

汉哀帝毫不在乎大臣们的反应，会见群臣后，便与董贤去观看角力比赛了。

角力即角抵，也就是今天所说的摔跤，这是汉哀帝最喜欢的体育娱乐。

角力比赛不但考体力和力量，也考技巧，需要出奇制胜才行。

角力的技艺分为两类，"阳"是指表面的技巧，"阴"是指隐秘的技巧，只有把技巧掌握好了才能有必胜的把握。

汉朝的娱乐体育盛

▼古代有各种各样的杂技表演，图为顶杆

行，社会朝气蓬勃，进取精神浓厚，角力只是众多娱乐体育中的一项罢了，此外还有其他大型综合性表演，如杂技、魔术等。

世界上最早的杂技图《百戏》，便是出自汉朝人之手。

在这个杂技图上，可以看到走钢丝，即"走索上而相逢"，考验的是表演者的平衡能力，非常惊险、刺激。表演者在摇晃不停的绳索上做着各种高难度动作，在索下更是反插着几把刀剑，让人不由得为其捏了一把汗。

还有穿过刀圈或者火圈的表演，更多的是倒立。

倒立是汉朝百戏演员们的基本功，他们用手支撑整个身体在各种不同的地方练习倒立，久而久之，他们的运动技巧便得到了极大的提升。他们甚至可以在任何地方倒立，有的在地上倒立，有的在马背上倒立，有的在叠案上倒立，有的在樽上倒立，有的在小道具上倒立，有的甚至在奔跑的马车上倒立……

扩展阅读

汉朝有一些柔和文雅的娱乐体育，比如蹴鞠，开始有了音乐伴奏。男子蹴鞠，则敲响鼓乐，以彰显阳刚；女子蹴鞠，则吹奏管乐，以彰显婀娜。踢球变成了弄球。

◎五禽戏：久远的健身术

夏日的一天，一姓顿的督邮找华佗看病，就医服药后，他感觉很好，认为自己已经痊愈了。华佗告诫，不要这样想，病虽然好了，可身体还很虚弱，应该静养来恢复身体，切忌房事，不然会有生命危险。

岂料，督邮的妻子听闻丈夫身体痊愈，急忙赶回来探望。此前，因督邮病重，他们隔离开来，以免传染。

督邮见妻子来了，很开心。他没把华佗的话放在心上，夜里与妻子行了房事。3天后，他一命呜呼了。

这是一起悲剧，但华佗诊病如神的名气更大了。

还有个姓徐的人得了重病，请华佗来诊治。华佗来后，徐先生告诉华佗，说前几日请医生针刺胃管，之后便咳嗽不止，不得安宁。

华佗摇摇头道："已经耽误啦。那位医生刺中的是你的肝脏，并没有刺中胃管，若是几天后食量减少，则在五日内有生命危险。"

闻者大惊。但不出华佗所料，不久后此人猝然而亡。

华佗当之无愧是位"医神"。

华佗还是有名的导引养生学家。他主张，人应该多活动，将筋骨舒张开来，使血液得以流通，这样才能减少患病的可能。

"五禽戏"，就是华佗的一项重要养生发明。

华佗发现，若是人类能模仿动物做出动作，就会使身心都有帮助。他便仔细观察虎、鹿、熊、猿、鸟5种动物的特点，发明出了模仿其身形的体操五禽戏。

做这种体操，时而模仿老虎猛扑向前，时而学熊翻滚倒扑，时而像猿猴一般悬挂，又如鸟一般展翅飞翔。刚柔并济，轻重缓急皆囊括其中。

华佗的弟子吴普听了华佗的话，勤练五禽戏，在身体不舒服的时候更勤于练习；出汗时，便撒一些粉在身上，再继续练。

就这样，吴普感觉浑身轻快了不少，也有了食欲。到吴普高龄时，眼睛不花，耳朵不聋，牙齿也没有脱落。

五禽戏是致力于提高整个人体功能的导引术。五禽戏将强身健体、提高免疫力、养生融为一体，既能增加人的运动量，又没那么枯燥，是一种很有趣的活动，对武术也产生一定的影响。

在华佗之后，晋朝的炼丹家葛洪也对导引术做出了贡献。

葛洪思想境界很高，他打破了以往养生家的门户之见，从不认为自己的东西是最好的，从不排斥他人的想法。他对当时各养生流派互相看不惯的风气很反感。他率先打破隔阂，将不同流派的主张融合，取其精华，去其糟粕，形成了一套全面的养生体系。

▲五禽戏

他不仅模仿动物动作，如龙导、虎引、熊经、龟咽、燕飞、蛇屈、猿踞、兔惊等，还主张在清晨和夜间练习叩齿、漱咽、摩目、按耳、摩面等按摩的功法。他说，此法对提高视力、听力，保持年轻有帮助，这下子，他有了更多的崇拜者。

晋朝书法家王羲之也对养生颇有研究。他养了很多鹅，

常常观鹅、戏鹅，模仿鹅的动作。他根据鹅划水、行走、亮翅、觅食等动作，发明出"鹅掌戏"。这些动作对提升他手臂的力量大有好处。手臂有了力量，写字也就更有力道，写出来的字也就更漂亮了。所以，世人都夸赞王羲之笔力雄厚，写字能"入木三分"。

扩展阅读

按摩是种导引手段，唐朝太医署有1位按摩博士、4位按摩师、15位按摩生。连少林拳术中也有"达摩十八手"，是吸收了古印度健身方法而编制的一套特殊体操。

第四章
魏晋南北朝的体育活动

　　魏晋南北朝时期，战争频发，战乱四起，移民活动时刻都在进行。很多少数民族政权侵入了中原地区，部分中原的汉民也进入了少数民族定居的地方。历史上迎来了惊心动魄的民族大融合，这也使体育活动绽放出新的"英姿"，新的体育文化层出不穷。

◎诸葛亮的体育精神

诸葛亮入蜀后，励精图治，发展武备。为了北伐曹魏，他对蜀军进行了专门的训练，让他们在骑射、奔跑、跳跃等方面，得到锻炼。

诸葛亮一生谨慎，凡事都讲求方法，从不盲目而行。他对蜀军的训练也是如此。他让蜀军拿着兵器训练，不仅要技能突出，而且，必须使手脚也像"长了眼睛"一样，灵活多变，能够时而疾走，时而跑步，进退能在转瞬间进行，自然而自如。

他颇有体育精神，还根据士兵的身体条件，编制出能与其相适应的兵种。

他组织了名为"搴旗之士"的队伍，里面都是"轻足善步速如奔马者"，个个都是赛跑健儿。

他组织了名为"争锋之士"的队伍，里面都是"骑射如飞，发无不中者"，个个都是箭术好手。

诸葛亮把他们当成六军中最好的将士，充分发挥他们的优势而用之。

在经过如此训练后，公元228年，万木萌生的春天，诸葛亮开始了北伐之旅。

他向曹魏一共出兵6次，2次带兵出了祁山。行军在蜀地荒蛮的崇山陡壁中，随时都要开辟道路，其中的艰险不言而知。幸亏蜀军事先经过了有针对性的训练，这些高强度的军事体育锻炼，让他们可以应付恶劣的环境。

诸葛亮的第四次出征，是在公元230年。那是个秋天，山中树叶红红黄黄，秋风荡来荡去，天色晦涩不堪，显得有些凄凉。诸葛亮见天时不利，没有主动出击。曹魏军队耐不住煎熬，准备攻打蜀军。诸葛亮命令蜀军不得妄动、迎战，他准备等到气候转好时再出战，但是接下来却连下了30天

▲骑射是古代军事的必修课，图为猎归的骑射者

的大雨。山洪一夜间暴发，曲折的栈道都被冲毁。双方军队都被滔天的洪水阻隔，无法进行交战，只好各自退回。

下一次出征又因军粮不继而作罢。

公元231年2月，诸葛亮在准备充足后再次发兵。他为增强军队的战斗力，创制了元戎弩，即新式连弩；他为解决运输军粮的问题，发明了木牛流马，即新式板车。之后，他率领大军向祁山进发，击败了曹魏大将司马懿。

司马懿撤退死守，再不出战。为了让司马懿出兵对阵，诸葛亮屡屡派人写下战书，还将女人的饰品和衣服送给司马懿，羞辱他连个女子都不如，试图激怒他出兵。可是，无论如何，司马懿都坚守不出。

诸葛亮本想长期驻扎，与司马懿对峙，再另寻战机。岂料，因操劳过度，他事多食少，病体沉重。在初秋8月，长逝于五丈原。

为防止司马懿追杀，诸葛亮在临终前嘱咐部下，不举办丧事，在退兵时速度放缓慢，在马车里放上他的雕像。部下遵行照办。司马懿隐约听闻诸葛亮病亡，半信半疑地率军追击，却见蜀军帅旗飘扬，马车里正坐着诸葛亮，队伍整齐不乱，慢慢悠悠地晃荡在山间。他怀疑这是诸葛亮用计诈死，于是，生性多疑的司马懿连忙带兵返回。他自觉庆幸，而蜀军则顺利安全地退回了都城。

当诸葛亮的部下之间发生矛盾，有人烧毁栈道时，蜀军哗乱，队伍散乱，遗落在深山古涧中的人很多。但他们都最终得以安全返还。这都得益于之前诸葛亮对他们所进行的训练。可见，在生死存亡关头，军事体育能够发挥很大的作用。

扩展阅读

击鞠是马上持棍击球的体育运动。曹植在《名都篇》中记载了击鞠，是历史上第一篇关于击鞠的记录。文中描写京洛少年在宴饮后"连骑击鞠壤"直至太阳快落山。

◎杨大眼创百米11秒纪录

"走及奔马""足追四马""跳走如飞"……是古代形容跑得快的人常用的词。在这些跑步能手中，有可以"日走二百里"的人，有可以"日行三百里"的人。其中，一个叫杨大眼的人风头最盛。

魏高祖时，为了南征北魏孝文帝，魏高祖从良才中选拔战将，杨大眼听说后，前来应征。他非常自信，对考官说，他身怀绝技。

考官先对他进行骑射考试、兵器击刺考试，他的成绩都很好。考官打算录用他。

杨大眼恳切地告诉考官，自己真的有一项绝技，希望考官能够看看。主考的官员李冲见他如此说，顿时来了兴趣，答应了他。

杨大眼便将一根3丈长的绳子系在头上，然后，开始快速奔跑。不一会儿，那绳子便被拉成了一条直线。

接着，他又和快马比试，居然跑得比马还快。

通过一些实验来测算，一个人在跑动时若能将3丈长的绳子拉成一条直线，那么，此人的百米速度必须在11秒左右。

这个成绩在现代，也是十分惊人的。

在杨大眼生活的年代，在南朝，也有一个善跑者，此人叫麦铁杖。

麦铁杖不仅跑步速度极快，还有着超乎常人的耐力。他担任御前执伞的礼仪官，每天都要列队朝堂。但他还有另一个隐秘的身份——窃贼。每日在罢朝之后，他都会神速地跑到100里之外的南徐州进行偷盗。

一次，麦铁杖携带赃物准备变卖，恰巧被失主瞧见，失主咬定他是窃贼，他死不承认。他说，失主东西被偷的

▲元世祖忽必烈用赛跑考核士兵，图为忽必烈像

时候，他正在朝堂上，所有朝堂上的人都能作证，他根本没有时间去偷东西。

众人听了，顿时傻了眼，的确，当时麦铁杖真的在朝堂上。

怎么办呢？

办理此案的官员断定麦铁杖就是窃贼，但他没有声张，而是下发告示，征求飞毛腿，把一个紧急的文书送到南徐州去，当天返回，任务完成后将赐予财物。

麦铁杖不知是圈套，见钱眼开，自愿去应征。他早上出发，下午太阳还没落山他就跑回来了。于此，办案官员揭开了他行窃的事儿。

到了元朝，速跑简直就是一个国策。

元朝的骑兵闻名全世界，在元朝军队中，长跑是非常重要的训练内容。元世祖忽必烈为了考核士兵，每一年都会举行一种名叫"贵由赤"的赛跑。在蒙语里，"贵由赤"的意思是"快行者"。

这种快行者的比赛，要求参赛人员必须全副武装在3个时辰内，从河西务（今河北武清县西北）跑到大都（北京），或是从泥儿河（今河北宣化县东15里）跑到上都（今内蒙古多伦县西北）。行程大约为180里。整个赛程由朝廷委派的"监临官"进行监督、裁判。

古代的一天是12个时辰，3个时辰即6个小时，若要在6个小时内跑完180里，那么，一小时就得跑1.5万米。

为了避免"后先参并之争"，比赛者在起跑时，要站在起跑线后面。皇帝会亲临终点，在比赛结束时赏赐优胜者。

第一名将获得银饼一个；第二名将获得4表里缎子；第三名将获得3表里缎子；再下名次的人将获得1表里缎子。颁奖后，元朝的运动员们将要俯身伏地，高呼万岁，以谢恩典。

扩展阅读

　　黄法氍是南北朝时的陈朝大将。他年轻时，一天能跑200里路，"能距跃三丈"。在南朝，3丈就是7.5米，也就是说，他一跃便能达到7.5米，是不折不扣的运动健将。

◎ 人有九品，棋有九品

三国时，曹魏有个著名的才子，名叫王粲。他有极好的棋艺，还有超凡的记忆力。就算一盘棋局被搅乱了，王粲也能凭借记忆把每个棋子恢复原来的位置。有人听说后，不大相信，认为王粲是哗众取宠。于是，此人从很远的地方赶来见王粲，用布将棋局覆盖起来，让王粲重新布局。王粲毫不为难，他埋头拈子，很快布好棋局。众人一见，急忙把覆盖着布的棋局掀开，两相比较，结果一模一样，没有一个子放错地方。众人惊叹，抚掌称神。

到了晋朝时，围棋进入皇宫，颇受欢迎。

晋武帝司马炎尤其喜爱围棋，有时候甚至因此而耽误朝政。一次，镇南大将军杜预向他请示军情，定下讨伐吴国的日期。可是，杜预瞪大眼睛等了许久，也得不到回复。因为晋武帝正沉溺在围棋的厮杀中，乐不知返。

中书令张华知道这件事后，也很着急。但他很有办法，他也去与晋武帝对弈。晋武帝看到弈棋队伍壮大了，非常高兴。

张华与晋武帝的对弈让晋武帝感到酣畅淋漓。就在这时，张华趁机表达了讨伐吴国的必要性和紧急性。晋武帝大悟，深以为是，急忙批复了奏章。

围棋总是与文人雅士相伴，渐渐地，竟成为文人雅士的一个符号，弈棋也成为他们沉淀心性、彰显他们儒雅沉稳之风的一个方式。

谢安在担任东晋的丞相时，东晋国力衰弱，前秦国主苻坚乘机率百万精兵入侵，前锋一路长驱直入，直抵淮河、淝水。朝廷震悚，派兵拦截，但兵力不过十多万。群臣惴惴不安，对拦截不抱希望，谢安内心也非常紧张，但他极力克制，特别召人下围棋。群臣稍稍安定。

不久，东晋军传来捷报，已经赢得了淝水之战的胜利，谢安听了军情后，不动声色，回到室内继续与人对弈。

一局罢了，棋友问，刚才有何事。谢安轻描淡写地说，小儿辈已经破敌。棋友和其他人都钦佩谢安的镇定。

不过，谢安胸中毕竟波澜起伏，所以，当他送棋友出门时，因为激动得腿直打战，把木屐齿在门槛上折断了。

崇尚清淡、标榜风流是魏晋南北朝时期的特色，高雅文化十分盛行，围棋因此饱受青睐，不仅晋武帝迷恋围棋，南北朝时宋朝的宋文帝也是个爱棋之人。

宋文帝刘义隆聪明仁厚、崇雅敬儒，但在弈棋方面，却变得有些疯狂。

一日，宋文帝与羊玄保对弈。羊玄保棋艺高超，曾被评为棋品第三，宋文帝不服气，说羊玄保若能赢他，他就让羊玄保当太守。

这是历史上比较大的围棋赌注——以郡守职位作赌。羊玄保吃了一惊，很意外。但是，皇帝命令他对弈，他岂敢不从。而他尤其嗜爱围棋，摸到了棋子就难以释手，精神状态也变了，旁若无人。结果，他毫不留情，把皇帝杀得势同流水。

羊玄保得胜，宋文帝惨败，但他很钦佩羊玄保，没有恼怒、食言，果真任命羊玄保为宣城太守。

宋文帝始终惦记这件事，后来，羊玄保转任到会稽郡当太守，宋文帝还专门派围棋高手褚思庄千里迢迢跑到会稽去，就为了与羊玄保下棋。他自己也去了，反复观看、研究二人所对局的棋谱。足见他对围棋有着不一般的热爱。

皇帝对围棋的重视达到了这种程度，围棋之风便愈加盛行了。

南朝的齐高帝萧道成就是棋艺高超的人。他还有良好的对弈品德，无论与谁下棋，都是平等对局，落子无悔。

梁武帝萧衍更是"棋登逸品"，棋力分外高强。他常与

▲围棋可解闺阁之闷，因而受到女子喜爱

朝廷中棋艺不凡的大臣下棋。大臣中的朱异、韦黯、到溉，都是他的棋友；侍卫陈庆之也擅下棋，他也常与之对弈，陈庆之成为大将后，征战在外，他只好望尘兴叹了。

梁武帝下棋不分时辰，但凡来了兴致，哪怕是深更半夜，随时都将棋艺高超者从被窝里拎出来，召到宫中，"每从夜至旦不辍"。

他对围棋的喜爱，几乎到了废寝忘食的地步，对弈总是彻夜不眠。

有一次，梁武帝召到溉对弈。夜渐渐深了，梁武帝兴致浓厚，意犹未尽，而到溉不能熬夜，困得睁不开眼睛，当一局开始后没多久，他便坚持不住，趴在棋盘上睡着了。

见到溉这副模样，梁武帝觉得非常好玩、好笑。他命人唤醒到溉，作诗嘲讽道："状若丧家狗，又似悬风槌。"到溉睡眼惺忪，颇为尴尬，听到梁武帝的这首诗，忍不住大笑起来。

由于爱棋如命，梁武帝也有误事的时候。到了晚年时，他十分信佛，非常敬重一个叫榼头师的和尚。有一天，梁武帝召榼头师入宫，与他一起研讨佛法。榼头师入宫时，恰逢梁武帝在和人下棋。他要杀死对方的一个棋子，便随口说了一句："杀掉。"侍卫听到后，将他的话理解错了，以为是要杀掉榼头师，于是，不由分说，立刻将榼头师推出去斩了。待梁武帝一局棋毕，四顾左右，寻不到榼头师，询问侍卫，这才知道自己给榼头师带来了杀身之祸，后悔不迭。

汉朝曾将人才分为九等，曹魏曾将人才分为九品。到了南北朝时期，别出心裁地把棋手也分为九品：

一是人神：神游局内，妙不可知。

二是坐照：不需劳神而一目了然。

三是具体：兼众人之长，具入神之体。

四是通幽：心灵洞彻，能善应变。

五是用智：临战深算，用智入妙。

六是小巧：不务远图，以巧妙胜人。

七是斗力：不用智而专斗力。

八是若愚：布置若愚，但势不可犯。

九是守拙：勿为斗巧，但守我拙。

有了具体的等级标准，南北朝时多次进行品棋活动，棋艺的交流被大大推动，围棋得到了长足发展。

扩展阅读

晋朝的散骑侍郎顾臻上疏皇帝，说杂技伤人宜除之。于是，很多杂技项目被取缔。而后又增加了一些稀奇古怪的项目，如侏儒杀马、剥驴，失去了体育的锻炼价值。

◎南北朝的田径运动员

现在的田径比赛由田赛、径赛、公路跑、竞走和越野组成。追本溯源，其实就是由人类最基本的跑、跳、投掷等所组成。

在人类还很弱小的远古，锻炼身体和野兽搏斗，或是与其他成员比拼，跳得远的人一般都会取得战斗的胜利。

当战争大规模来临后，春秋时期的吴国，曾征选了一支特种军，以3000名能跑善跳的士兵为先头部队，其余的人都是身体强健的军人。这支队伍以速度著称，曾深入楚国腹地，在战争中取得了胜利，甚至占领了楚国的首都。

汉朝还出了一个善跳的将军，他叫甘延寿。甘延寿起初就是一名普通的壮汉，凭借强健的身体被招为御林军。军中举行运动比赛，考跳跃能力。结果，他精力充沛，一跃而起，竟然越过了卫戍的岗亭——羽林亭楼。他就这样让人目瞪口呆地创造了田径史上的一个奇迹，被提拔为羽林郎。考官又测试了他的手搏能力，发现他的确武艺出众，又把他提为期门。

南北朝时，一个叫周文育的人，也是一个运动天赋极高的人，堪称优秀的田径运动员。他在11岁时，便能跳五六尺高，玩伴们无人能及。

▲跳跃能力是古人注重的能力之一，图为跳绳，古称跳百索

长大后，周文育在陈武帝手下担任大将，这项奇技帮助他屡建奇功。

一次，在征战侯景的战斗中，周文育的坐骑被砍杀，他被叛军团团围住，情况十分险急。谁知，周文育毫不惧怕，沉着应对。他用右手与敌人搏击，左手快速地解掉马鞍，从叛军堆里一跃而出。这惊人的一跳，救了他的性命。

又有一次，周文育参加水战，战势激烈，他用力一跃，飞身而起，跳到了对方的船上，迅速杀死了船上的头目，奏凯而归。

陈朝的黄法氍，也是个田径健儿。有一天，他徒步走路，竟然走了300里，跳远时，跳了3丈远，引起哗声一片。

跳跃不仅用于军事，还是一种聚众时的玩乐。南朝的宋顺帝其至举行过跳高比赛，参加者都乐得前仰后合。

契丹人中，有许多田径方面的能人。

比如萧忽古。萧忽古是一个跳高能手。一年，他跟随招讨使赵三去番部，问罪那些抗命的番人。番部里，有一个善于跳跃的人，当着赵三等人的面，忽地跃身跳上骆驼，表情十分不屑，明显是在挑衅赵三等人。若是此时示弱可能会坏掉大事，萧忽古很着急。他默默地从队里走出来，身披重甲，轻松一跃，忽地飞到了骆驼的背上，打击了番人的嚣张气焰。

扩展阅读

战国时流行剑舞、剑术。秦末，项羽设鸿门宴邀刘邦，范增以助兴为由表演剑舞，想伺机杀掉刘邦。项伯为保护刘邦，也跳起来舞剑，拨开范增的剑锋，化解了危险。

◎体育竞赛中第一枚奖杯

　　春秋时期，楚国有个叫陈音的人，祖传五代绝技，擅长弓弩。

　　弓弩的发展，可追溯到守孝一事上。"弹起古之孝子"，意思是说，人死之后，尸体被裹上白布，放在野地里，孝子拿着弹弓在一旁守护，防止父母的尸体被鹰隼叼啄，被野兽啃噬。弹弓出现后，接着，就有了弓箭，之后，又发展出了弩。

　　越王勾践卧薪尝胆之时，暗中壮大军备，想要灭掉吴国。他苦于没有能士，心中忧虑、焦灼。大臣于是举荐了陈音。

　　勾践把陈音召来，问他弓弩之事。

　　陈音细致地讲述了射箭的姿势、动作、技巧和射击时的注意事项。

　　陈音的这段对话，被记录在史书上，迄今仍具有很高的历史价值。

　　勾践听了陈音的话，对陈音很佩服，将兵士交给陈音训练。几个月后，越国士兵的射箭技巧都有了不小的突破。

　　后来陈音不幸死去，勾践无比惋惜，将他葬在了越国的西部，把埋葬他的地方称为陈音山。南朝时，曾有人打开陈音的墓，发现里面画满了骑射的画像。

　　箭术在春秋战国时便受到了统治者的关注。但中国历史上第一个具体可考的射箭冠军则出现在南北朝时。

　　这个射箭冠军便是北魏末期的濮阳王元顺。

　　元顺擅长射箭，有一天，孝武帝在洛阳华林园召集群臣，举办射箭比赛。孝武帝命人把一只银酒杯悬挂在百步开外的一棵树上，宣布，谁能射中酒杯便将它赏赐给谁。

　　许多人前去比试，无一射中，纷纷遗憾、嗟叹。

▲《胡人出猎图》反映出少数民族对弓箭的娴熟应用

元顺持弓而上，凝神静气，飞出一箭，"嗖"地射中酒杯。

孝武帝喜出望外，马上将银杯赏赐给元顺。

这是莫大的荣誉。元顺也很高兴，他将银杯拿回家，特意找了技术高超的匠人，在银杯被箭射穿的地方浇筑了一个银童，足踏金莲，活泼可人，并刻下字作为纪念。

这是体育竞技锦杯的最早起源，是现在锦标赛中的锦杯的祖宗。

箭术在南北朝的发展是难以评估的，在北齐时期，还出现了一位真正的"射雕英雄"。他就是斛律光，字明月。

斛律光自幼练习骑马射箭，少年时期已对其十分精通。在斛律光17岁的时候，一次，他随军西征，途中，恰巧遇见了北周的长史。斛律光立刻策马疾奔，犹如离弦之箭，同时在马上引弓拉箭。北周的长史也发现了不妙，拼命飞跑，但还是被惊人地射下马来。长史摔下马后，还没来得及起身逃走，斛律光已飞马至跟前，将他活捉了。

斛律光32岁时，又发生了一件神射之事。他在洹桥狩猎，正巧空中飞来一只大鸟，在高远的天空展开双翼，凌云而飞。他抬头望见，拉弓便射，一箭飞入花白的天心，正中要害，大鸟旋转着坠落在地上。众人凑近一看，竟然是一只大雕。

就这样，他获得了射雕英雄的称号。

与斛律光足堪一比的，是北周的将领长孙晟。

长孙晟的技术高到什么程度呢？

一言以蔽之，"一箭双雕"这个成语典故就出自于长孙晟。

长孙晟身体灵活，他在18岁时担任司马卫上士一职。他在拉弓时，弓的声音如同打雷；他在骑马时，速度比闪电还快。中原人很佩服他，突厥人很害怕他。

周宣帝时期，突厥可汗请求与北周联姻。周宣帝便把

千金公主下嫁过去。为了保护千金公主的安全，周宣帝派将士护送，并任命长孙晟为副使。

护送使团到达突厥后，千金公主与可汗完婚。长孙晟与可汗的弟弟处罗侯相处很和睦。有一次，他们一起去打猎，正巧看见天上有两只大雕在争抢食物。处罗侯交给长孙晟两支箭，问他是否能射下二雕。长孙晟聚精会神，在大雕纠缠不清的时候猛地放出一箭，两只大雕竟被同时射中。处罗侯见了，十分钦佩，告诉贵族弟子要向长孙晟多学射箭。

就这样，当使团返回北周后，长孙晟还被邀请留在突厥，滞留了将近一年的时间。而长孙晟在突厥滞留的时候，并没有玩乐，相反，他时刻留心观察突厥的山川地形以及军队情况，并打探清了突厥的内部矛盾。回到北周后，他把这些重要情报都汇报给了朝廷，他也因此被提升为奉车都尉。

扩展阅读

西周的楚国国君熊渠是勇武无比的射手。一夜赶路，他见有猛虎拦路，遂疾射，箭镞、箭杆、箭翎都射入虎体内，但老虎无声，近瞧，竟是一块形似老虎的石头。

◎娱乐体育现高峰

投掷运动其实很有意思，它不像击壤那样轻松，也不像投壶那样文气十足，更不想射箭那样充满血腥，可是，它既充满了趣味，又充满了勇武豪气。

投掷运动流行于兵营中。在孔武的将士眼中，用小石头、小砖块投掷，未免太过小气，于是他们便选择了沉重的石头进行投掷。这种活动俗称"投石"。

投石是一种良好的军事锻炼手段，也是不错的娱乐方式。王翦就很喜欢这种活动。

王翦是战国时秦国的大将，一次与楚军对峙，他根据战场情况，采取了坚壁不出、养精蓄锐的策略，以避开楚军的锐利锋芒。不论楚军如何辱骂、叫战，他都当没听到一样。但是，若是长久忍受辱骂，不与敌人战斗，会使士气低落，于是他便在军营中举行投石和跳远比赛。既能练兵，又有娱乐的效果。

汉朝大将甘延寿善于投石。史料记载他，"飞石重十二斤，为机发，行二百（十）步。延寿有力，能以手投之"。

汉朝的1斤，相当于现在的258克；1步相当于现在的1.4米。也就是说，甘延寿能将重达6斤的石头扔出28米远。

投石等田径活动本是军事训练的一部分，作为军事体育而存在，民间很少涉及。到南北朝后，田径逐渐从军事中分离开来，演化成一些民俗。

一种名叫"斗石"的娱乐活动，就是由军事体育发展出来的，在福建和台湾很流行。逢元旦或端午，两个村子的村民会自发地互掷石块，目的是驱鬼消灾；若是有人在活动中受伤，被打得皮肉破绽、鲜血流出，就表示，此人在新的一年里将不再受病痛灾害的侵扰。

这种"斗石"的规模，颇是宏大，也极为激烈，很容

▲杂技人俑，左侧为奏乐者，右侧为运动者，充满娱乐气息

易产生矛盾、纠纷，以至于到了持械斗殴的地步。但是古人仍乐此不疲。

这种充满了野性的活动，在东北的朝鲜族中，也很盛行，叫做"石战"。"开战"前，"两军"分别站在河的两岸，待命令下达后，便拿起河边的石块拼命向对方投掷，哪一方撤退、投降，哪一方就算输了。

投石在实战中起到的作用，也是极为彪悍的。

元朝人原来居住在北方的大草原中，成天在野地里摸爬滚打、追逐野物，导致他们的投掷技巧很出众，擅长打"布鲁"。"布鲁"的蒙语意思是投掷或投掷用具。他们在夺取天下时，就把布鲁带入战斗演习和战斗实践中，获益非凡。

布鲁的投掷用具，有三种：一种是由铜铁制成的心状物，系着一根长形皮条，这是"吉如根布鲁"，捕获近距离的野兽最好用，只要将它用力掷出，野兽坚韧的皮毛完全无法阻挡，只能任其射入要害，当场殒命。第二种是由木头制成的圆形物，前部灌有铅，或包着铜铁，这是"图固立嘎布鲁"，重量很轻，速度很快，适合打野鸡，打野兔，对跑得快的小动物最管用。第三种是"海雅术拉布鲁"，是练习的用具，由木头制成，呈镰刀状。

布鲁先是从民俗中"升华"到军事中，又从军事中"下凡"到民俗中。元朝人对它进行了更改，主要侧重于它的掷远和掷准。此后，它便在民间流行了。

扩展阅读

南北朝时有很多体育高手。陈朝有一个将领，叫周文育。他十分擅长游泳，能够自如往返几里水程。他也是一个跳高能手，能"跳高六尺"，相当于现在的1.5米。

第五章

隋唐：体育大交流

在体育史上，隋唐时期是继汉朝以后的一个大发展时期，体育的发展迎来了巅峰。体育运动项目陡然增多，体育活动的范围延伸到各个阶段、各个角落。唐朝与很多国家都有往来，促进了体育文化的融合和交流，使后世体育有了丰富的参照和借鉴。

◎吃"生肉"的相扑手

相扑是隋唐皇帝喜好的一种运动，隋文帝格外重视。

一次，西番人来朝，其中有一个相扑手，力大无比，雄武不凡。他还很傲慢，认为自己天下无敌，瞧不起其他人。

隋文帝很不高兴，特意让相扑国手法通与此壮汉较量一番。

法通伸出双手让壮汉握住，任凭壮汉使出浑身解数用力揉捏，他丝毫没有反应，一动不动。等到壮汉的双手被法通揉捏时，没过一会儿，壮汉手上的血便朝外涌了。壮汉支持不住，只得认输。

法通的胜利让朝廷扬眉吐气，隋文帝十分高兴，更加倡导相扑了。

在这种风气下，"相扑棚"出现在了唐朝。

▲敦煌壁画上的相扑手，看起来力大无比

相扑棚是很正规的组织，集中了许多专为宫廷进行表演的摔跤好手。蒙万赢就出自相扑棚。

蒙万赢身手灵活，动作迅疾，十四五岁时被选进相扑棚。到了成年，他的相扑技术更是所向无敌，赢过的比赛数不胜数。他不仅得到了极其丰厚的赏赐，还得到了"万赢"的美誉。蒙万赢是他成名后的名字。

蒙万赢名声远播后，依旧亲和恳切，在平民间往来穿梭时，经常传授摔跤技巧。一时，竟有几百个年轻人跟着

他学习。

唐朝的摔跤比赛，往往被作为压轴好戏，在各种节目都表演完了之后再上场，能将整个表演推向高潮。摔跤手们在台上激烈地比赛，搂住腰、扳住腿，你来我去，纠缠不散。左右有两队雄壮的大汉，把大鼓擂得震天响。比赛激烈得难以形容，以至于会出现"碎首折臂"的现象，很是惨烈。

唐代的军队中也盛行摔跤，很多摔跤能手便是出自军中。这些人勇武有力，极其豪迈。

富苍龙、沈万石、冯五千、钱子涛是镇海守军的4名摔跤能手，有一次，在赛前，有人煮了一锅老牛肉，肉盛在大盘里，煮得半生不熟、连筋带皮。4个人吃肉时，除了冯五千双手接过大口吃起来以外，其他3个人看着这牛肉都有些发怵，迟迟不敢尝一口，感觉冯五千简直就是在吃生肉。

之后进行比赛，冯五千几乎不费力气就打败了其余3个人，力拔头筹。

徒手格斗除了能强身健体以外，若是能因此而受到赏识，那就离平步青云之日不远了。

后唐庄宗李存勖是个有才干的人，他在乱局中打出了一片天地，建立了后唐国。他对马球和戏曲很有兴趣，他也非常喜欢相扑，常常与身边的相扑艺人王贤比赛。

由于李存勖是君主，王贤在比赛中总要让他一手让他赢，自己则屡屡战败。李存勖不知玄奥，他见自己无数次战胜王贤，便骄傲自满起来，觉得自己是天下第一的相扑高手。

有一次，李存勖又和王贤比试。赛前，李存勖告诉王贤，说若王贤能够胜过他，他就将节度使一职赐予他。王贤喜出望外。他太过兴奋，忘记了要让一手，比赛时使出浑身解数，结果，没几下就赢过了李存勖。李存勖惊得目瞪口呆，好半天都不敢相信。

不过，李存勖也没有食言，真的赐予了王贤卢龙节度使一职。节度使这个职位可不得了，大约相当于现在的两个省的省长。这大概是世界上相扑比赛中最贵重的赏赐了吧。

扩展阅读

以孔子为代表的儒家都重视体育锻炼，但唐朝儒者韩愈主静，反对打马球，认为马球伤马又伤人。他提倡服金丹，但他却因服用含硫黄成分的丹药而患病。

◎传递军事机密的风筝

风筝是什么时候出现的呢？

时间并不确切。但可以肯定的是，在春秋战国时，一种特殊的风筝便出现了。

那时，造纸术还没有发明，没有纸张，风筝自然也不是纸做的，而是由木头削成。

名匠公输般砍伐竹子，削竹为鹊。这只竹鹊制成后，符合空气流动学原理，可以飞起来，3日都不落下，非常神奇。

古代风筝被称为"鸢"，由于没有纸，做鸢的成本很高，而且想做一个好的鸢的话，十分困难。

哲学家墨子后来制作了一只木鸢，足足花了3年时间。而这只木鸢也只能在空中飞上一天。

到了汉朝，蔡伦发明了造纸术，木鸢逐渐被纸鸢所替代，慢慢地普及开来。

鸢最初被制造出来时，并不是为了娱乐，而是用在军事上。在传递信息情报上，纸鸢有着很独特的作用。

鸢最早用于传递情报，与韩信有关。

韩信是杰出的军事家，在开辟汉朝的战争中，韩信为刘邦出谋划策，屡建奇功，可刘邦却畏惧他的才华，以谋反为由，将意气风发的韩信贬为淮阴侯。就在这个时候，大将陈豨准备谋反，他抓住了韩信被贬的机会，怂恿韩信一起谋反。

韩信已对刘邦心灰意冷，便答应了陈豨。两个人在暗地里开始准备谋反的计划，为了相互传递信息，韩信使用鸢作为信使，与陈豨进行秘密的通信。

但凡事都不可能完全保密，有一天他们的密谋被发现，且被一一杀死。

在南北朝时候，也发生了一件以纸鸢传递军情的事儿。

梁国的太子被叛军困在台城，孤立无援。由于当时没有先进的通信设备，无法与城外的援军取得联系。

有人献计，可以放飞藏有消息的纸鸢，把消息悄悄传送给援军。太子听从了建议，便跑到太极殿，趁西北风吹来时，放飞了纸鸢。

不料，叛军发现空中飞起了纸鸢，他们感到很奇怪，以为太子在使用巫术，便用箭把纸鸢给射了下来。纸鸢传递情报就这样失败了。

唐朝时，又有一个大将谋反了，此人叫田悦，他带兵把临洺围住了。临洺的守将是张伾，张伾拒不投降，誓死抵抗。朝廷命将领马燧前去营救张伾，马燧飞速前往，日夜兼程，岂料，风尘仆仆赶到后，却被田悦的军队阻隔在城外。

张伾非常着急，他为了与马燧取得联系，内外夹攻田悦，便紧急写了一封书信，拴在纸鸢上，把它放飞。

纸鸢飞得100多丈高，当飞过田悦的营地时，田悦瞧见，意识到纸鸢中系着情报，便把善射的人喊来。但是纸鸢飞得太高了，善射人也无法射着。

此时，在马燧的营中，将士们都在紧张地翘首观看，当看到田悦无法射中纸鸢，纸鸢摇摇摆摆地飞过来后，营中一片欢腾，激动的喊叫声震耳欲聋。

马燧得到了纸鸢，解下了书信，制订好了作战方案，不久，就向田悦发起了进攻。

不过，纸鸢发展到唐朝，因国富民强，已不再只用于军事，还成为休闲娱乐的活动。

"折竹装泥燕，添丝放纸鸢"，儿童非常迷恋纸鸢。他们用纸鸢、竹马、藏钩、秋千、斗草，构成了欢乐的童年。

由于很多纸鸢惟妙惟肖，几乎可以乱真，有时候竟能骗过真正的飞鸟，与之做伴。

放纸鸢需要走路、奔跑，可以锻炼体质，又可以调节心情，是一种有益于身心的体育活动。因此，成人也很喜欢，还在纸鸢的制作上花了很多心思。

唐朝人还将纸鸢做了些许改造，使人耳也能感受到它的美妙。他们经常在纸鸢上加竹笛，加琴弦，当纸鸢飞在空中时，风吹入竹笛和吹动琴弦，皆会发出动听悦耳的声音。

还有人做出了带有灯光的纸鸢，在夜间放飞时，别有一番风味。看起来既好看，听起来又悦耳，称得上是赏心悦目了。

宋朝还出现了以出售纸鸢谋生的小商贩，朝廷很支持这种小生意。名相寇准还作了一首诗，写道："碧落秋方静，腾空力尚微。清风如可托，终共白云飞。"

放纸鸢也能"赌赛"，双方互以纸鸢线牵引勾拉，谁将对方的线缠断便算赢。输的一方既损失了纸鸢又要给赢家钱，可谓是赔了夫人又折兵。

清朝时出现了更多的奇工巧匠。《红楼梦》的作者曹雪芹，便是一个制作纸鸢的行家，还写了一本关于纸鸢的专著，记录了纸鸢的制作技术。

扩展阅读

古人崇尚天人合一，认为自然规律总会和人间事物有吻合之处，如自然有四季，人有四肢；球为圆，球场为方，暗合天圆地方。

◎练力要怎么练

古代没有哑铃，没有拉力器，古人用什么练力呢？

这难不倒总有奇思妙想的古人，他们有一套很专业的练力套路。

为了锻炼腿部的力量，他们经常跳远、跳高，甚至是负重跳跃；为了锻炼上肢的力量，他们经常投石、拉弓、使用蹶张等各种武器。

许多传奇的勇士，就这样被锻炼出来了。夏朝的帝王桀能徒手"伸钩索铁"，商朝的帝王纣能徒手与猛兽搏斗。至于诸侯国有穷国的国君，竟然能在陆地上拉着船行走。

更有一些没有留下名字的勇士，创造了更生动的力量奇迹。有人能抓着野兽的尾巴，把野兽背在背上行走；有人能屈身拔起一棵大树，毫不费力。

古人寻找了许多练力的方法，有一种非常有趣。

▶角抵需要足部的力量，图为汉墓中的角抵戏，人物孔武有力

一个年轻人，从小就开始放牛。在牛还是小牛犊的时候，他每天都疼惜地抱着牛犊上山吃草。日复一日，不知不觉，他的气力增长了不少。待小牛犊长成健壮的大牛后，他还是可以把牛抱上山。力气就这样练成了。

在汉代，有一种更独特的练力活动，那就是斗兽。

斗兽的种类很多，但一般都是以斗牛为主。牛是家畜，又有野性，有很强的力量，若是能将牛斗赢，那么，此人就会被尊为勇士。

斗狮、斗虎、斗熊、斗野猪等，也被汉朝人尝试过。他们还不尽兴，还把斗兽场面刻画出来。

持用兵器斗兽，会被人耻笑；徒手与猛兽搏斗，就会被视为野性、力量的表现。

楚霸王项羽在徒手时，仍拥有一身好力气。由于他力量很大，众人在惊叹的时候，不断地予以夸大，竟然说他都能徒手拔山了，夸张得不像话。

还有一个练力的方式——拉硬弓。南北朝时期的大将羊侃，便是一个膂力惊人的勇士，拉十几石的硬弓，不在话下，不喘不汗。

唐朝的弓分为三种力度，80斤、100斤、120斤。每一种，都骇人听闻。练习时，很多人累得龇牙咧嘴。而唐太宗李世民竟能拉动180斤的硬弓，可以射穿七重铠甲。这让唐朝女子对他极为倾慕，因为按照当时的标准，这意味着，他是一个勇武的男子汉。

宋朝大将岳飞更厉害，他能"挽弓三百斤，弩八石"。这几乎到达了练力的极致，基本上没有人敢挑战了。

硬气功是一种民间技能，非常玄奥，它与练力结合起来，是唐朝的事儿。

唐德宗年间，在绩溪县太微村，住着一个有名的大力士，名叫汪节。有一天，汪节溜达到长安城，对旁人说，自己可以徒手拔起东滑桥旁那个足足重达1000斤的石狮子，还可以将狮子扔到一边去。

听了这话的人，都觉得汪节是信口开河，指责他胡言乱语。

让众人大吃一惊的是，汪节果真径直走了过去，将狮子徒手拔下来，抛了一丈多高。

汪节在京城当上了军官后，还常常表演他的"神力"给皇帝看。

他有一个绝活儿，那就是，他趴在地上，在背上压一口石磨，再在石磨上放一个两丈高的方木，木头上还放有一张床，床上坐着一个从龟兹国来的乐师。乐师在床上演奏，汪节压在最下面坐怀不乱，保持着整个系统的平衡。

这是因为他有一身过硬的硬气功，才让他如此力大惊人。

唐朝还有一个习练气功的大力士，名叫博通。博通为了在众人面前显示自己力大，把京城里的3个身手不凡的壮士叫来，让这3个壮士来抢他头底下的枕头。

3个人一齐用力，吃奶的劲都使出来了，连床腿都被折断，可博通仍稳稳地躺在床上，枕头也纹丝不动。

这一下可好，博通的名声传遍了大街小巷，许多人都慕名而来，想瞧瞧他的绝活儿。博通不让众人失望，他在酒宴上又展现出另一个本领来。

他用两只手各举一桌酒席，在台阶上自如来去。桌上的酒和菜，都稳稳地停留在桌子上，没有丝毫洒出，让人惊叹不已。

唐朝力士辈出，一位姓王的俳优，曾将一条船轻松地背在背上，船上还载有12个人。

胡人将领安禄山的手下，有一个艺人，他在顶竹竿时，一根竹竿上面爬满了人，景象撼人，过目难忘。

还有一个演示力量的方式，也格外惊心：把一张床举起来，床上有一匹马，马背上有一个骑手。

　　能把力气练到这样一种程度，非一日之功，背后洒下了无尽的血汗。

扩展阅读

　　有一种娱乐体育在明朝时被禁止，但现在仍流行，它就是转风车，也叫风鸢戏，还叫毫儿。它以红绿纸做轮，安装在秸秆上，迎风疾转，"红绿浑浑如晕"，极好看。

◎职业击剑手

剑，乃"百兵之君"。它在古代，一向是"时尚"的兵器。它有刀和矛的优点，能劈砍、能击刺；而且携带方便，适合近身搏斗。

冶金术在春秋战国时得到很好的发展后，使冶炼钢铁成为可能。干将莫邪就是由吴国著名铸剑师干将、莫邪夫妇铸成的。他们将自己的名字，给剑起名，可见，铸剑技术很受重视。

名剑配豪侠，有了好剑还得有使剑的高手。

剑术在春秋战国时，非常流行，那时候参与重大政治谋杀的刺客，大多数都是使剑的。

越王勾践在会稽山上卧薪尝胆，准备报仇复国时，就把剑术作为军队中必须训练的技能。为了让将士们学好剑，勾践还拜访了很多能人隐士，并请来了居住在南林的一位女子来施教。这个女箭术家非常不凡，将士们在得到了她的指点和教导后，使剑的本领大为增强，战斗力陡然提升，可谓"一人当百，百人当万"。

勾践大为振奋，赏赐给这位女子许多金银财宝，还封她为"越女"。这个称号相当于现在的"国手"，是非常高的美誉。"越女剑"也由此而来。

在之后的击刺理论中，越女论剑一直是其中的经典。

剑术在战国时，更为流行。赵国甚至专门设有招待剑客的馆舍，馆内常常有几千人居住。赵国给他们提供好吃、好穿、好住，以便拉拢他们效力。其中，本领越强大的剑客，越受重视与欢迎，因此，这3000多人为了彰显真本事，常常真刀真剑地比试，伤亡事件屡见不鲜。

剑客们的生活，非常惊险，基本上都是生活在刀尖上，稍有不慎便会伤残，甚至死亡。

雷被是汉朝时有名的剑客，人称"淮南第一剑客"。淮南王太子刘迁听到这个称呼后，非常嫉妒，不满在自己的领地上还有人比他更有名。刘迁非常想和雷被较量，决出到底谁才是真正的"淮南第一剑客"。

刘迁一再邀请雷被前来切磋，雷被忌惮刘迁的太子身份，心想，若是真的比赛，万一出了什么差错那可就不得了。于是，雷被屡屡推脱邀请。

刘迁却认为，雷被这是惧怕的表现，便更加张狂起来，不达目的誓不罢休。

被逼无奈的雷被，只好前来与刘迁竞技。谁知刘迁剑术实在不够好，几个回合下来，便被雷被刺伤了。

刘迁忌恨雷被，不能释怀，想尽办法刁难雷被。雷被饱受逼迫，时刻想着要离开淮南国。

一日，雷被得知大将军卫青准备去攻打匈奴，便请求淮南王刘安，允许他加入卫青的麾下。刘安一听，以为雷被与太子有隙，生了反叛之心，便在盛怒中，免去了雷被的职位。

雷被走投无路，一怒之下，偷偷跑出淮南王府，一路吃尽辛苦跑到了长安城，向皇帝告发，说刘安不允许他参军。

卫青征兵，是皇帝的诏令。根据法律，若是有人阻挠天子的诏令，此人必然是死路一条。正巧，刘安试图谋反的迹象，也被揭露了出来。皇帝便收回了刘安的封地，没过多久又将刘安满门抄斩。

但雷被也并未获得转机，他最后死在了一个酷吏手里。他非凡的剑术从此灭绝。

汉初时，击剑都是抄真家伙上场，比试都是生死相搏，既没有娱乐精神，也难以交流技艺。后来的比赛，就将真剑用别的东西进行了替代，生死相搏变为了体育竞技活动。

三国时，魏王曹操之子曹丕颇懂兵器。他在5岁时学

▲剑舞将舞蹈和体育融合在一起，从图中可见，剑舞很优美

箭，6岁时学骑马，8岁时学骑射，又有名师教导他学习各种兵器。尤其在剑术方面，他在剑术大师史阿来的指导下，掌握了非凡的技巧。

有一次，曹丕和奋威将军邓展在庆功宴上聊起了击剑术。邓展认为，越女流传下来的江东派剑术，是天下第一，是技法最完美的剑术。曹丕和他看法不同。二人争论得面红耳赤，最后决定以比试剑法为准则。

他们一人拿一支甘蔗代替真剑。曹丕剑术高强，几下便已两次刺中邓展的手臂。邓展则一次未中，羞得面红耳赤。他又有些不服气，想要再赛一次。但曹丕是他的上级，他有些说不出口。

曹丕看穿了邓展的心思，便劝解邓展，说但凡剑法，都有自己的优点，他自己的剑术以快为主，所以只能击中对方的手臂，对要害部位的伤害则不大。

听了曹丕的话，邓展终于明白，自己是输在进攻太慢上；他自己又因为曹丕是上级，心里难免会想着要让一让，便让曹丕赢了比赛。

于是，邓展恳切地开口，说想要再赛一次。

曹丕见他是为研究剑术，便答应了他。

不料，比赛中，曹丕故意使慢剑，引得邓展连连进攻，不想却将身体的正面露了出来，被曹丕一个还击，刺中了脑门，邓展又输了。曹丕拉着邓展，连连赔不是。邓展终于心服口服了。

从中可见，击剑竞技在汉朝不仅有了兵器的替代品，也有明确的规则和裁判，具备了一定的现代体育竞技的雏形。而且，心理学在赛场上也开始得到了应用。

唐朝的开元盛世时期，还出现了剑舞。剑舞的创始人是公孙大娘。

公孙氏善舞"剑器"，姿态优美，冠绝天下，名动四方。她在街上表演时，被围得里三层外三层，是实实在在

的人山人海。

皇帝邀请她入宫表演，宫里的剑士们闻风而来，都自叹技艺不如。

草圣张旭细致地观看了公孙氏的剑舞，茅塞顿开，把剑舞融会贯通到书法中，形成了笔走龙蛇的绝世书法——草书。

公孙氏还善于创作，她在继承传统剑舞的基础上，创作出西河剑器、剑器浑脱等剑舞。

可惜世事难料，如此一个不凡的女子最终却流落江湖，落寞而终。

诗圣杜甫在少年时，曾看过公孙氏舞剑，在心中留下了深深的印象，十分钦佩。安史之乱后，公孙氏失踪了，杜甫在白帝城看到了她的传人——李十二娘。李十二娘舞剑器也很好，但与公孙氏相差甚远。杜甫不禁回想当年，感慨世态万千，人生苦短，便写下一首诗《观公孙大娘弟子舞剑器行》作为纪念。

唐朝人用剑，有几种形式：一是用于防身或作为佩饰，诗仙李白是击剑爱好者，他从小就想成为一代侠士，便经常使剑；二是用于表演，剑和舞一结合，便成了表演，剑舞是武舞的一种。这种剑术，是将体育和舞蹈融为一体，少了一些侠气，多了一些艺术气。

还有一种剑舞，是将武术与杂技、舞蹈结合，娱乐性更强。唐朝大将军裴旻的剑舞，就是这一种。

一日，裴旻的母亲去世了，裴旻很悲伤，特意请来著名画师吴道子在天宫寺作壁画，以超度亡魂。吴道子说自己久未作画，灵感缺失，若将军能来一曲剑舞，定能给他启发。

裴旻便持剑而舞。他"走马如飞，左旋右抽"，忽然又把剑掷向天空，直入云端，高几十丈后下坠，就好像电光一般下射，而他竟然手举剑鞘，精确地承接住了剑。当利剑疾速地进入剑鞘后，围观者才松了一口气。

吴道子深为震撼，持笔如风般作画，画出了一幅绝世壁画。

李白的诗、张旭的书法、裴旻的剑法，被皇帝称为"三绝"。这是有道理的。

扩展阅读

唐朝诗人张籍看到精于棋术的女子很多，内心感慨，特意赋诗一首，名《美人宫其》："红烛台前出翠娥，海沙铺局巧相和。趁行移手巡收尽，数数看谁得最多。"

◎皇宫中的拔河赛

拔河在古代是一项非常流行的体育活动，它在最初问世时，有一个很古朴的名字："牵钩"或"钩强"。

之所以叫这个名字，是因为它最初是水军进行舟战时进行军事技能训练的。创造了它的人是战国时的公输般，即鲁班。

楚国是一个大国，处于南方，水源充沛，有许多河流江水，水上的舟战显得十分重要。楚国的邻居越国，也是一个临水的国家，水兵也很强大。楚国在上游，越国在下游，楚国与越国总是打仗。但楚国每次出征，都会出现问题，比如，由于上流的水势原因，楚国很难控制战船的队形，遇到不利情况需要撤退时，也变得很混乱、很困难。而越国则没有这么多问题，一旦形势不利，越国人就能快速地顺水而下。

楚国人非常头疼、懊恼。正在这时候，名匠公输般恰巧从楚国路过，楚国人路上看见了，立刻报告给了国君。国君连忙把公输般请来，向他询问解决的方法。

公输般不愧是著名的能人巧匠，他当即有了主意。没多久，他便为楚国设计出了一种器具，可以使己方的船不会被敌船靠近，而在追击敌船时，又可以用钩子钩住敌船；这样一来，两条船在江河上拉拉扯扯，纠缠在一起，战士们只要勇猛拼杀，就能分出胜负了。

公输般发明的器具，就叫钩强；利用钩强进行的拉扯活动，后来就演变成了拔河。

拔河往往在元宵节和清明节时举行，用来祈祷丰收。

到了唐朝时，拔河达到了空前的规模，参加拔河的人数以及竞争的激烈，都是后世无法望其项背的。

唐中宗时，皇宫里举行过一次别开生面的拔河比赛，具体地点是梨园球场。参赛选手都是达官贵族，唐中宗则带着皇后、公主在一旁观看。

东队由7位丞相和2位驸马组成，西队由3位丞相和5位将军组成；东队大部分都是年轻人，身体较为强健，而且还多了一人。而西队大多是老头，人数也少。西队觉得不公平，不服气，嚷嚷着要重新分配人员。但唐中宗不准，他认为西队选手虽然年龄大，但多是武将。

比赛开始了，西队的力量明显不如东队，在东队的拉扯之下，西队惨败。两位老丞相拼命拽着绳子，竟摔倒在地，气喘吁吁，半天也爬不起来。刹那间，笑声在四面响起，唐中宗更是笑得上气不接下气。

拔河选手除了男子以外，还有女子。有一次清明节，唐中宗又突发奇想，琢磨起拔河来。他想了一个他自认为的好主意，带着几百名宫女来到玄武门外，让宫女们拔河。

宫女窈窕纤细、粉香四溢、花团锦簇，咿咿呀呀地拔着河，让唐中宗忍俊不禁。

▼皇宫中流行百戏，图中左侧为高难度杂技

比赛结束后，唐中宗还处于亢奋中，他一冲动，便下令，准许宫女们上街游玩。

宫女们一直生活在宫中，饱受拘束、禁锢，不得自由，早就对外界的男欢女爱产生了强烈的向往之情；因此，当她们奔出玄武门后，有一些人竟然跟人私奔了。待回宫查点人数时，唐中宗这才发现宫女跑了好几十个，后悔不迭起来，但已经晚了。

唐玄宗时，在大明宫的通衢上也举行过一次拔河比赛。声势极为浩大，见史书所载。

首先，光是拔河的绳子，就长达40～50丈，是极粗的麻绳，还有许多小绳从主绳上分离出来。

其次，有1000多个彪悍的力士成为参赛选手，每个选手都将一根小绳系在胸前，神气极了。

有人将一根标志旗插在绳子中间，接着，比赛开始了。一个个大汉用尽了力气拉绳子，眼睛瞪得比铜铃还大，汗水哗哗地从身上流下来，双脚则狠狠地踏在地上，好像要把地踩裂一样。

大汉们在场上使劲，围观者在旁边使劲儿——有千万人在不停地喝彩，地动山摇，声浪滔天，场面十分壮观。

史书上把这种热烈写成"喧呼动地"，让仔细观看的蕃客庶士们惊讶不已，"莫不震骇"。

只有东北的朝鲜族古人的拔河，能与这次规模宏大的拔河比赛相媲美。

朝鲜族的拔河游戏叫作"索战"，是在丰收之后进行庆典时举行的，参赛双方来自不同的两个村庄。

拔河的绳子由稻草和藤条搓成，由于参赛人员很多，因此也需要极长的主绳，主绳上也要有很多子绳才行。一般时候，主绳有300～400米长，粗0.5米，光是制作这种绳子，就需要耗费很长时间和极大的人力。两个村子里的人在一起制作，也是个不小的工程。

竞赛时，村民们手中各握一根子绳，用尽全力拉扯。亦是喊声滔天，助威呐喊不绝于耳。

拔河在隋唐时，出现了民间角力活动——"拔河戏"。

拔河也用于军事训练。这种拔河与娱乐不同，规模较小，选手最多也就100多人，不大受关注。

扩展阅读

唐朝有单人蹴鞠，以踢花样的次数多少决定胜负；二人对踢叫"白打"或"打二"；三人轮踢叫"转花枝"；四人轮踢叫"流星赶月"；八人对抗叫"八仙过海"。

◎唐朝最激烈的马球比赛

在唐朝皇帝中，最大的"马球选手"，当数唐玄宗李隆基了。

李隆基年轻的时候，被封为临淄王，因政务很少，王权有名无实，所以，他终日在马球场上玩乐，练就了一身好本事。

有一年，为了平定边陲之地，唐中宗将金城公主下嫁给吐蕃赞普，以和亲达到政治目的。吐蕃赞普知道唐中宗喜欢看马球比赛，在派遣使者来长安城迎亲时，便带了一支十分强悍的马球队。

唐中宗很高兴，让吐蕃马球队与朝廷的马球队进行比赛。

唐中宗没有把吐蕃队放在眼里，他让朝廷神策军中的球队上场。谁知，神策军队竟然屡战屡败，几个回合下来，吐蕃皆胜。

唐中宗登时急了，朝廷的球队怎么能比不过蛮族的球队呢，这若是声张出去，多么丢泱泱大国的面子！

唐中宗紧急下令，召来临淄王李隆基、嗣虢王李邕、驸马都尉武延秀、杨慎交，让他们迅速组建一支技术高超的马球队。

这4个人都是马球好手，威风凛凛，志在必得。吐蕃队得知消息后，赶忙选了最优秀的10位选手参赛。

李隆基的马球技艺十分纯熟，在这场事关皇室威严与荣誉的大战中，起了十分重要的作用。他在马球场上，东西驱突，风回电疾，所向无敌，吐蕃队只能眼睁睁地看着，最终节节败退，朝廷的马球队取得了胜利。

赛后，吐蕃队心服口服，交口称赞李隆基是一个大英雄。

李隆基当上皇帝之后，给以前并肩战斗的兄弟们封王，如宋王、薛王、申王、岐诸王。为了与这些藩王处好关系，稳固统治。每次朝会完毕后，他总要召集这些藩王，设宴饮酒，斗鸡、打马球。

晚年时候的李隆基，极其宠爱杨贵妃。不过，他即便是在骊山温泉陪伴杨贵妃时，也不忘时常去打马球。有大臣进谏，请他适可而止，他照打不误。

当"安史之乱"发生后，社会动荡，战火迭起，一些人痛斥李隆基，认为这是他沉溺于马球导致政事荒废的结果。

这是过于夸张的说法。实际上，打马球反倒磨砺了李隆基一颗刚毅之心，让他更加富有朝气，积极进取，判断果决，行动干练。

李隆基对马球的痴迷，甚至流传至后世。宋朝的画家还特意画了他击球的图。宋朝诗人晁说之还作诗云："阊阖千门万户开，三郎沉醉打球回。九龄已老韩休死，无复明朝谏疏来。"其中的"三郎"，指的就是李隆基。

在李隆基之前，唐朝的马球就很兴盛了。

章怀太子是武则天的儿子，他是一个文人，有很高的文学素养，但也极爱马球。在他死后，墓室里的壁画也都画着马球图和狩猎图，显示了一种勇武的体育精神。

马球是唐朝竞技体育中最流行、最兴盛的项目，那么，马球又是从何处起源的呢？

有一种说法是：波斯人将其引入；还有一种说法是：吐蕃将其传入；第三种说法是：由汉代的蹴鞠演变而来。

哪一种都不是定论，唯一明确的是，马球比赛的马缨一般是由长牛毛染成红色而制的，马笼头则是由黄金制成，非常奢侈。球杖也叫鞠杖，有几尺长，是木头制的，有的也是藤条制的，上有各种好看的花纹。杖头是月牙形，牛皮覆盖在外；马球的球，有拳头大小，是木质的，木心是

▲ 别开生面的古代马球比赛

▲ 唐朝《马球图》，场面热烈

空的，表面涂有红色。

有人便制订了明确的竞赛规则。就连场地设施、球棍和球的规格，都有严格的规定。还有驯马师专门训练出的打球马，还有蜀锦厂专门制作的"马球运动服"。

至于进出球场的礼仪，更是不得了，俨然现在的开幕式和闭幕式，都有专门的演奏乐曲。

一旦进球，叫好声和乐声，也有专门的规定，不能随便乱喊、随便奏乐。

与蹴鞠一样，马球比赛时，也有专门的裁判进行裁决。若有谁进球，则"得筹"，即增加一面红旗。

骑兵战术是唐朝皇帝擅长的战术。唐朝兴起于北方，力战群雄时，往往依靠轻骑兵突袭，可以说，唐朝正是发挥了骑兵的优势才夺得了天下。而驻守在边塞的军人，大多是骑兵。为了增强他们的机动能力和体质，军队里常常进行打马球的比赛。

◀章怀太子墓中壁画，显示了唐朝人对军事体育的热爱

唐德宗时，有一个人叫张建封。他起先是文职太守，后来被提升为负责军政的濠泗节度使。在军队练兵时，他虽然已经60多岁了，可还是常常与兵士们一起打马球。

文学家韩愈是张建封幕府的推官，他不赞成用马球练兵。马球比赛激烈，面目受损只是轻伤，有时候甚至会出现伤残或死亡；马匹也会非常疲累，他也担心马匹会因活动次数过多而病倒。

韩愈便写了一首诗，专门劝诫张建封不要再打马球。张建封看了，回诗一首，说自己以前一直干着文人的工作，现在当上了军队的统帅，却60多岁了，不可能练好作战的武艺，所以，他只能依靠打马球练习骑马的本事，否则就难以统领军队了。

打马球的确是练习骑术的好方法。再者，若是统帅和兵士们一起打马球，看着统帅亲自演练的样子，士气也就得到了鼓舞，练习的氛围也就更加热烈了。

有一个姓夏的军官，他的马球本领十分惊人。有人将10多枚铜钱重叠在球场上，他能在策马疾奔时用手杖敲打铜钱，每次只敲飞一枚；击敲之下，铜钱能飞到10多丈远的地方去。

打球练兵推动了马球竞技的发展。

唐朝的很多皇帝都在皇城里修建了马球场，含光殿前就有一座豪华的马球场。马球场的三面环有矮墙，球场大小约为1000步，表面平坦整齐，如镜子一般光滑。

有些贵族也修建了个人的马球场，甚至有骄奢的官员，用油浇地，铺制马球场。

那个时候没有室内球场，为应对下雨，唐朝人会用油布搭帐篷，把球场给围起来，使它不受风雨的侵袭。

球场的管理很重要，若有人没有将球场打理好，不仅会受到耻笑，还会被皇帝责问。赵相宗儒在荆州为官，他也有一个马球场。有一天，他入京面圣，唐宪宗不高兴地

▲鼓励士兵打马球的唐太宗李世民

质问他，有人说，你在荆州的球场连草都生了，怎么会这样?! 赵相宗儒吓一跳，当即跪倒，连道，臣有死罪! 不过虽然草生，但不妨球子往来。唐宪宗听了，这才息了怒。

如果想在晚上打马球，古人就会点起特制的蜡烛，将球场照得灯火通明。五代时，杨渥在为父亲服丧期间，耐不住寂寞，便用蜡烛照亮球场来打球。

唐朝皇宫里设置了内园，内园又被称为"小二园"，因为最初入园的大多数是年幼的小儿，成年后，有的人的技艺不够精湛，但又不想退出，便学习表演艺术活动，仍旧留在内园，久而久之，内园便成了专业的歌舞机构。后来又增加了杂技、马球、相扑、步打等项目。许多专业的马球手，就住在内园里，随时摩拳擦掌地准备着，一旦皇室宗亲下令，立刻就精神抖擞地跑出来陪伴打马球。内园地位不高，但很特殊，出入皇宫很方便，又有很高的俸禄。

唐穆宗李恒嗜好打马球。但不幸的是，有一次，他正在马上挥杆，突然病发，坠马摔地，中风而死。

唐宣宗也是一个马球能手。在赛场上，他骑着一匹上等的好马，在御马疾驰时，还能持杖连续击打几百下，让人叹为观止。

唐僖宗是一个昏庸的皇帝，治理国家非常无能，打起马球来却很有一套。在皇宫内，有一个人叫石野猪，是专门为唐僖宗逗乐解闷的人。有一次，石野猪陪伴唐僖宗打马球，唐僖宗对石野猪开玩笑说，若是以后考进士的题目改成考打马球，那自己一定可以得状元。石野猪把这话传了出来，众人皆笑。

唐代的科举项目里，没有考马球一说，至于唐僖宗是否真的能成为马球状元，那是没人知道的事儿。但是通过打马球来决定谁当朝廷命官，唐僖宗可真是创造了"历史第一"。

唐僖宗末年，中原地区已经战火四起，皇室岌岌可危，这时需要有一个心腹去四川当节度使，以安排好出逃的后路。朝廷经过层层选拔后，把神策军中的陈敬瑄、杨师立、罗文晓和牛勗选了出来。但是，要从这四人中选择出最合适的一个人来，却很困难，因为他们几乎旗鼓相当，不相上下。

正当群臣商议决策的办法时，让人目瞪口呆的事情发生了——唐僖宗丝毫不听取大臣的意见，断然下令，谁打马球打赢了，谁就当这个朝廷命官。

大臣们认为简直是开玩笑，纷纷阻止，唐僖宗根本不听。

一场气氛严肃的马球比赛开始了。经过激烈的角逐，拔得头筹的冠军出现了，他就是大将陈敬瑄。

唐僖宗很兴奋，任命陈敬瑄为四川节度使。

这是最早通过体育竞技来任命高官的事例，是古代体育竞赛中最高的奖励之一。

唐朝的很多皇帝都嗜球如命，极爱玩乐。唐昭宗在被迫迁都、大臣皆逃散的情况下，竟然还不忘记将内园和马球供奉带在身边。

除了皇亲贵胄以外，年轻的民间人士也极爱马球。"长枕出猎马，数换打球衣"，他们酷爱射猎和马球，将其视为生活中不可缺少的一部分。

马球可以说是唐朝的"国球"了。

公元877年，一个春日，新进士们在月登阁打球，但一群不速之客也来到了球场。那是一批军士，欲强占球场。进士们不同意，一个叫刘覃的人想要挫挫这些军士的傲气，便骑马执杖奔到球场中间，向军士们挑战。

军士们瞧不起书生，看到书生竟敢挑衅自己，非常气愤、不屑，立刻展开比赛。

岂料，刘覃的马球功夫十分高强，他纵马进场后，疾奔起来，犹如闪电一般。不一会儿，他便抢到了球，接着

将球挑到空中，抡起球棍狠狠把球朝空中打去。球飞快地冲天而去，蓦地，消失不见了。

见了这一幕，围观的上千个人不禁哄堂大笑。军士们一声不吭，颇是尴尬，垂头丧气地离开了。

由此可见，马球在唐朝十分受欢迎。

扩展阅读

木射类似现在的保龄球，是以球击打木桩的运动，且寓教于乐。木桩有红色，上写仁、义、礼、智、信、温、良、恭、俭、让；还有黑色，上写慢、傲、佞、贪、滥。

◎球场上的严重违规事件

马球是一种对抗性的竞技比赛，选手在赛场上驰骋、挥杆打球，动作猛烈，冲击力大，伤人事件时有发生。

伤人事件中，有一种没有违规，是误伤；还有一种是违规行为，故意伤人。

安史之乱后，藩镇的势力愈发强大，有了很大的领地和彪悍的军队。为了对抗朝廷，藩王们纷纷结成联盟。结盟大多是依靠联姻来达成的。成德节度使李宝臣与魏博节度使田承嗣想相互勾结，便让李宝臣的弟弟娶田承嗣的女儿。

迎娶时，意外发生了。

▲栩栩如生的马球壁画

新郎是个马球爱好者，新娘的弟弟也是马球业余选手。两个人趁着热闹举行了一场马球比赛，作为庆祝。不想，新郎的马突然受了惊吓，一时控制不住，将新娘的弟弟从马上撞了下来，不幸被马踩死。

这是一个意外事件，是无意造成的。李宝臣连忙致歉，告诉田承嗣，让他责罚新郎。不料，田承嗣失去爱子，极其痛心，大为生气，竟将新郎——他的女婿活活地鞭打致死了。

李宝臣大怒。至此，原本的亲家变成了仇家，互相征战，年年如此，连累了无数百姓。

除了误伤以外，还有在球场上将叛徒正法的事。

　　安史之乱发生后，叛军杀过河北，途径洛阳，直逼长安城。在敌后，有几支朝廷的军队。军中，一个叫王铺的人起了异心，想要背弃朝廷。

　　王铺本是常山郡太守，因为手中握有3000兵马而被任命为河东副招讨使。常山郡是叛军的最主要的目标之一。王铺在叛军的武力威胁和利诱下动了心，偷偷签订了投降书。他向叛军保证，到时候他会开门献城。

　　这个叛变计划，只有王铺的几个心腹知道，但世界上没有不透风的墙，心腹不慎向部下透露了口风，结果，一些将士们也隐隐约约地知晓了。

　　将士们想把王铺杀掉，但是又没有确凿的证据；若不将他除掉，待到叛军来袭时可能会坏了大事。他们思来想去，决定还是得让王铺死，只是让他死得像一场"意外"。

　　王铺是一个马球迷，逢赛必参加。于是，将士们筹划了一次马球赛。王铺果然加入了。就在马球场上，将士们一哄而上，把王铺撞翻在地。之后，众人纵马疾奔，将王铺踏成了肉糜。

　　若按照马球的规则，撞死王铺纯属违规行为，但因为王铺有叛国行径，这起违规行为受到了理解和欢迎。

　　唐武宗时期，还发生了一起违规行为，性质极为凶残、恶劣。

　　神策军里有一个叫周宝的将领，十分擅长打马球。当时的规矩是以马球技能来决定升迁军官的等级，谁若能夺得头筹，便能做高级将领。周宝在其中呼声最高，是最有可能夺得头筹的人，有人便心生嫉妒，想要谋害他。

　　此人与周宝共同参加比赛，分属两个队。当时，周宝一马当先，很快地夺到了球，策马冲向前场，准备射门。这时，此人骑着马前来阻止，他挥舞着特制的球棍，球棍的前段装有一个铁钩。照理，他应该用这球棍截球，可是，他却抡起球棍，朝周宝脸上挥去，一下子钩住了周宝的左

▲奢华的马球场

眼，眼球顿时脱落，满脸是血。

众人大惊失色，而周宝却忍着剧痛，毅然继续策马前行，将球击入了球门。

唐武宗大赞周宝的勇猛精神，特意将泾阳节度使一职赐给了他。

周宝丢掉了眼睛，却得到了荣誉和官禄。

唐朝最大的违规事件，发生在唐敬宗时，这个事件要了这个皇帝的命。

唐敬宗17岁登上皇位，极其喜欢玩乐。他的夜生活十分丰富，时常在夜里跑去野外抓狐狸，兴起时，还要喝酒、打球、看杂技表演。

唐敬宗刚当上皇帝，就在宫里打了3场大规模的马球比赛。而且，都是夜场。内园的供奉们为了伺候唐敬宗，时刻都要准备数不清的粗大蜡烛，等到打球时便围绕着球场点燃，明晃晃的，方便皇帝打球。

石定宽、苏佐明是内园的专业马球家，是被当成贡品进贡给皇帝的。他们的技术娴熟精湛，被皇帝封为内园的供奉，主要职责是陪打球、陪娱乐。石定宽、苏佐明从穷苦的平民一下子成为了有特权的供奉，粗茶淡饭的生活也变成了奢侈的日子，他们感到非常高兴。可是，唐敬宗年少，喜怒无常，加上夜场时，蜡烛的光毕竟还很微弱，在

夜里打球很不精准，而他的球技一旦发挥不佳时，就要用球棍狠狠地打人。而供奉们在幽暗中保护皇帝的安全也很吃力，常常顾前就顾不了后。这使唐敬宗更加脾气大发，冲着供奉们猛打。石定宽、苏佐明因为总是陪伴皇帝，便总是挨打，经常皮开肉绽，鲜血淋漓。他们试图躲避，但被抓住后，受到的惩罚更为残酷、凶狠。

这小皇帝骄纵顽劣，内园的供奉们总是提心吊胆，战战兢兢，但皇帝稍有不如意，他们就会遭到责罚。一时间，哀怨声四起。

由于长年受到小皇帝的折磨，石定宽、苏佐明身心交瘁，疲惫不堪，时刻有生命之虞。他们的积怨越来越深。

有一个内监也怀恨皇帝，一个劲儿地鼓动石定宽、苏佐明，让他们行谋逆之事。

二人便进行了秘密筹划，但并没有动手。直到有一天，外面冰天雪地的时候，长安城异常寒冷，唐敬宗在温暖的皇宫中突然要看马球比赛，便在半夜时下诏，让供奉们马上从被窝里钻出来，准备打马球。

石定宽、苏佐明被逼得无可奈何，心中愤懑。就在唐敬宗在球场更衣时，他们溜到旁边，三下两下就把唐敬宗弄死了。

石定宽、苏佐明不堪虐待，做出极端事件。事发后，

◀马球比赛非常激烈，易出现撞伤撞亡事件

二人被神策军逮捕，砍了头。

紧接着这个事件，又有人策划了一起违规事件。

唐敬宗被害死后，因他年纪小，没有留下子嗣，大臣们便在宗室中寻找候选人。李昂、李炎、李忱等人，都是皇帝候选人。其中，李忱的声望最高。李炎感到威胁很大，他为实现当皇帝的野心，决心铲除李忱这个绊脚石。

同许多皇亲国戚一样，李忱十分喜欢打马球，李炎便准备趁他打马球时害他。李炎的计划是，让一个马球队员担任杀手，把李忱从马上撞下来，把他撞死。谋划完毕后，李炎便邀李忱进宫打球。

不料，李忱早已知晓了阴谋。他在入宫前服用了泻药，一至球场，就腹泻不止，不得不离开，由此逃过一劫。

后来，李忱继承了皇位，即唐宣宗。

马球场上还发生了一次特大冤案。

唐僖宗时，大规模的农民起义爆发了，没落的朝廷向沙陀军求援，甚至还向其他势力求援，以帮助消灭起义军。最后，起义军倒是被消灭了，但原起义军将领朱温却掌控了唐朝的军政大权，皇帝只是一个虚设的傀儡。

在处理好都城长安城的事务后，朱温将长子朱友伦封为长安护驾都指挥使，留在长安，以便监察唐朝旧臣的一举一动，他自己则带兵回到了汴梁城。

马球是朱友伦喜爱的运动项目，他在球场上御马疾奔，没有人敢阻拦他。但是，由于他过于放纵马匹，随意奔驰，有一次，意外发生了，他在击球时，被狂野的马甩出马背，倏地坠地，被马踩死。

朱温知道了，非常愤怒，坚持认为是唐朝旧臣暗中使绊子，想要杀死他的长子，抢夺执政权。

在怒火中，朱温率领大军直奔长安城，将丞相、京兆尹等大臣，以及与朱友伦同场打球的10多个球友，都杀死了。

　　另外，皇帝身边的小太监、马球供奉、内园小儿等200多人，也都被一齐抓来而全部坑杀。

　　这起事件，冤杀了如此多的人，是体育史上最大的冤案。

扩展阅读

　　唐朝《蹴鞠图谱》记载，有的马球场有一个球门，队长将球用手抱在腰间，踢中球门次数多者为胜。还有两个球门的马球场，有守门员，踢入球门得分，入网不算。

◎没有棋盘的"盲棋"

南北朝时，很多人因棋力超人而得到了官职，但并没有专门的"棋官"一说。到了唐朝，名为"翰林院待诏"的棋官，便出现在了正式的官制中。

和其他待诏一样，围棋的待诏也有自己的独院，每月领取俸禄，皇帝想要下棋时便陪着皇帝下棋娱乐。在那个时候，文人最高雅的活动便有弈棋、书法和绘画。

王积薪是唐朝有名的棋士，在未进翰林院之前，他曾在金谷园中与棋手冯汪对弈9局。二人是真正的棋逢对手，每一局都有独到之处。

下棋不仅是唐朝男人的活动，很多女性也很爱下围棋。有一次，唐玄宗南巡巴蜀，陪同的文武百官中便有王积薪。由于随行的人很多，晚间休息时，邮亭馆舍不够居住，都被达官贵人先行占领，因此，普通的官员就需要自己寻住处。王积薪就是其中之一。他没有栖身之所，便沿着溪流行走，想找一户人家借宿。

王积薪在山中寻到了一户人家，只有婆媳二人居住。但她们只给他提供了水和取暖用的火，并未让他进屋。天刚黑，婆媳二人便关门休息了，王积薪便在外面房檐下的干草上躺下。

夜深了，王积薪没有睡着，忽听屋内传来对话声。儿媳对婆婆说，夜深睡不着，不如干脆下棋打发时间。婆婆应声而答。奇怪的是，屋内没有任何烛火，一片漆黑，伸手不见五指，而且，婆媳二人分别住在东屋和西屋。

如此这般，她们该怎么下棋呢？王积薪十分好奇，站起来，竖起耳朵凑到门边偷听。

过了一会儿，婆婆的声音传来："起东五南九置一子。"儿媳应到："在东五南十二置一子。"

▲ 古代女子嗜好下棋，图为唐朝侍女弈棋

婆婆又道："起西八南十置一子。"

儿媳道："在西九南十置一子。"

她们竟然是在下盲棋！

二人每下一步棋，都要间隔很长一段时间，大概是在思考。当四更天过去后，他们只下了36个子。

又过了一会儿，婆婆的声音传来："你已经输了，我胜你九子。"

儿媳沉吟片刻，回声认输。

天亮之后，王积薪穿戴整齐，敲门请教婆媳二人的棋术。

婆婆让王积薪随意摆一盘棋出来，王积薪便从行囊里掏出棋盘和棋子，使出浑身解数摆出他所能掌握的最高妙的棋局来。但还没摆上多少子，只见婆婆摇摇头，对儿媳妇说道："可以教他几个定势。"

儿媳便向王积薪传授了一些简略的攻、守、杀、夺、救应、防拒的方法。

王积薪大吃一惊，深深敬佩，又想求得更高深的棋艺。婆婆笑着摆摆手，拒绝了。

王积薪十分感谢二人，拜别之后去寻朝廷的队伍。当他转过山脚，回头遥拜时，却发现二人已经不见踪影了。

王积薪此后苦苦研究山中所得，棋艺大长，再也没有人能在下棋方面赶得上他。他试图摆出婆媳夜间所下的那一局棋，但用尽心思摆出来后，却无人能解。世人把这局棋命名为"邓艾开蜀势"。

唐朝时期，曾不止一次进行过国际围棋比赛，围棋还传到朝鲜和日本。

唐宣宗时，长安城里来了日本国王子。王子率领遣唐使团赴华的目的之一，就是想和中国的棋手们交流棋艺。鸿胪寺卿负责外宾的招待，在听明来意之后，禀告给了唐宣宗。唐宣宗立刻下令，召来了翰林院棋待诏顾师言，让

他和日本国王子对弈。

日本国王子棋力高超，顾师言极为忐忑，害怕难以取胜让朝廷失了体面。对弈开始后，顾师言手指冰冷，不住流汗，每走一步都要思考很久方才落子。因此开局不久，便渐渐落了下风，尤其是日本国王子下出了一招"双征子"后，顾师言左右为难，几乎败局已定。

眼看着棋局将要一败涂地，顾师言开始了绝地反击。他稳定了情绪，苦思良久，在第三十三子时，下了一招绝妙的"一子解双征"。日本国王子见后，瞠目结舌，无论如何破解不了这招，只好投子认负。

这就是著名的"三十三手镇神头"的典故。

日本国王子很感慨，问鸿胪寺卿，顾师言的棋艺水平在朝廷能排第几。鸿胪寺卿回答："排第二。"日本国王子很疑惑，问道："那为什么不让排名第一的人来呢？"鸿胪寺卿回答："只有赢了第二的人，才有机会能和排名第一的人对弈。"

日本国王子叹道，连第二都这么厉害，第一国手的水平将会是何等的高超啊！

体育能健身、疗疾、放松心情，这种益处在唐朝得到了更深刻的认识。唐朝是古代体育最为兴盛的时代，唐朝人的身心也非常健康。

扩展阅读

　　李元吉是唐高祖李渊的第四子，他非常迷恋打猎，宣称，宁可三日不食，不可一日不猎。他对激烈运动的嗜好，使他武艺精进，身强体壮。

◎ 竞渡是为纪念谁

龙舟竞渡是为了纪念爱国诗人屈原吗？

不完全是。

最早，竞渡由越人发明出来。越人用它来进行祭祀，在水面上，烟汽蒸腾，云雾迷蒙，气氛非常神秘。

临近的楚人看到了，很新奇，把它引进了楚地。楚人自有祭祀系统，便使竞渡脱离了祭祀，而是把它当成娱乐活动。

至此，竞渡的神秘气息消失了。

当楚国诗人屈原投江而死后，楚人深深伤悼，自发地涌到江边，许多渔夫划着小船穿梭在浪涛中，试图打捞屈原的尸体。最终，一无所获。他们便把5月5日作为纪念日，在此日举行竞渡，表示对屈原的追念。

这使竞渡更深入地融入了楚文化，也令身体运动达到了教育目的，让人铭记屈原的爱国精神。

从离奇的祭祀，到悲伤的追悼，再到欢快的比赛，竞渡经历了一个曲折的过程。

发展到唐朝时，龙舟竞渡变成了一项竞争性很强的体育运动。这与唐朝盛大的风气不谋而合。

隋唐时，风气开放，有才华的人都有机会参政。朝廷采用了科举制度来选拔人才，每年，在迢迢的水路上、崎岖的山道上，都有很多人在赶路，准备进京城赶考。宜春县的士子卢肇，就在浩荡的人群中。卢肇与另一名士子黄颇一起赶路，黄颇的才名比他大，中举的希望很大，太守便在长亭为黄颇饯行，毫不理会卢肇。卢肇一个人孤独地骑驴而过。然而，让人大跌眼镜的是，考试结束后，卢肇中榜了！黄颇却名落孙山。卢肇回到县城，又遇太守，太守殷勤地在江边设宴款待他。卢肇感慨万端。此时正值端午龙舟竞渡，卢肇便赋诗道："向道是龙刚不信，果然夺得锦标归。"以龙舟竞渡者的胜利来言喻自己中榜后的喜悦之情。

竞渡精神体现了体育中团结、和谐、向上、奋进的因素，而唐朝的文化也具有这样的性质。因此，这也促进了竞渡比赛的规范化。

宋朝时，竞渡都选在水流平缓的河上，参赛船只都停在起点处的一根长绳后面。有人拼命地擂鼓，3响后，红旗刷地展开，裁判一指，比赛开始，只见船只争先恐后地开始划动，如同神龙浮水一般从起点冲出。

龙舟随着击鼓的节奏而快速地齐齐划桨。到最后冲刺的时候，鼓声越来越快，桨也划得越来越急，水手们都红了眼，拼命向前划动，激动人心。在山坡上观看的人，手心都攥出了汗，呼喊声像霹雳一样响。

这时的竞渡，已经"植标中流，上挂以锦彩银碗之类，谓之标杆"。也就是说，竞渡奖品就是竿上挂的锦彩银碗，夺得了奖品便夺得了胜利。现代体育中的"锦标""夺标"等词其实便是从此而来。

竞争是一种伟大的精神，但过于沉溺于竞渡，也会带来不好的结果。

竞渡虽然选在农闲时节进行，但为了夺得冠军，很多村寨会提前很多天开始准备，耽搁了农耕，田里荒寂，令人忧愁。

竞渡还会引发流血事件。由于参加竞渡的参赛者以年轻人居多，气盛好胜，不服气别人得到冠军，在言语不和时，会出现扭打，有时还会致人死亡。

▼龙舟竞渡影响深远，图为小儿戏龙舟

弊端如此之大，宋朝初立时，曾下令禁止在江南开展龙舟竞渡。但架不住民众的热情，又把禁令撤销了，可还是惴惴不安，当民众竞渡时，朝廷严密地提防着是否会有乱象发生。

宋代注重娱乐体育，龙舟竞渡渐渐变成了一种表演。有一年，有人造了一个长10余丈的龙舟，上面建有二重台阁，每重台阁上都有扮演菩萨、天仙、将军、女伎的几十个童子，举手投足，俯仰之状，悲喜之情，有声有色。

这是以舟船为水上舞台的表演雏形。

明朝更甚，甚至把龙舟竞渡引入了皇宫，供皇帝观赏。

清朝皇帝是来自北方的少数民族，他们排斥中原的传统文化，很多有着千年历史的体育项目都被"打入冷宫"，唯有龙舟竞渡独秀一枝，熠熠犹存。

不过，竞渡的模式却改变了。竞渡也不再是夺标取胜，而是列队表演。竞渡从远古带来的野性气息，于此彻底消失了。

扩展阅读

弹球是一种娱乐体育，至20世纪还经久不衰。它是弹棋与捶丸的结合变种，弹棋于宋朝消失，捶丸于清朝消失。弹球以弹子进窝为胜，一般有5个窝或者7个窝。

◎唐朝涌现大批女运动员

唐朝的足球迷中，有一大堆的名人，如杜甫、王维、白居易等。球迷阵容隆重、强大，令人叹为观止。

由于文人的诗词推动了足球运动，女子蹴鞠竟然慢慢滋生了。

唐朝风气开放，即便是在寻常巷陌里，也能看到女运动员的身影。

有一次，朝廷的巡逻军中，有几个军士蹴鞠。踢到激烈处，一个传球没有被接住，疾速地飞到很高的地方。眼看着球就要飞走，槐树下站着的一个穿着破衣的女子，年龄大概有十七八岁，她不慌不忙地走过去，一伸腿，稳稳地把球接住，然后，用劲儿一踢，球竟飞出去几丈远，把几个军士看得傻呆呆的。

还有一个蹴鞠界的传奇人物，也是一个没有留下名字的女子。

在长安城里，有一位潘姓将军，夜间门窗关得好好的，却丢失了很多宝物。他身为将军，若连自己的财物都不能保卫，定会让人耻笑，失去上司的信任。于是，他暗地里拜托京兆府的缉盗衙役王超，帮他探查这件事。

清明时，王超外出，路过胜业坊北街。那里，有几名士卒在蹴鞠，很多人都在驻足观看。一个士卒不小心把球踢进了人群中，众人纷纷躲开，但一个穿木屐的女子却伸脚用力一踢，使那球飞出去四五丈高，老半天才落下来，围观者无不拍手叫好。

王超也很惊讶。他身为侦缉人员，有一种职业敏感，感觉这女子非等闲之辈，便悄悄尾随。女子来到了北街小巷子里的一间破屋，屋里有老母亲。

王超入内后，直明来意，询问珠宝丢失的事儿。女子

噗哧一笑，道："一个将军竟看不住自己的珠宝，我只是和他开玩笑罢了，珠宝都放在报恩寺的塔上呢，可拿回去给他。"

除了女子蹴鞠手，唐朝还有女子马球队。

打马球就需要骑马、控制马匹，同时还要伸展肢体、挥棍击球，这对于古代鲜出闺房的女子来说，是很不容易的事情。好在唐朝文化宽松，为她们提供了放松的机会。

女子打马球主要是为了表演，而不是为了进行军事训练。唐朝有专门的女子马球表演赛，在普通的富贵人家中，也都有女子马球艺人。这些女骑手，纵身上马，俯身持杖挥球，模样煞是好看，极为动人。

但是，高头大马很难控制。相比之下，体型小、跑得慢的驴，就很容易操控了。因此，还出现了一种骑着驴打球的方式，称为"驴鞠"。

▲女子蹴鞠图，这些女运动员动作娴雅，别有趣味

驴鞠深受喜爱，成为唐朝的一种特殊体育运动变种。

剑南节度使并成都尹郭英义，他对女子驴鞠很感兴趣，不惜花费大量金钱来打扮小毛驴。他还将女子驴鞠队员也打扮得花枝招展。当花枝摇颤的小毛驴与小女子凑到一起后，在场地里颠来跑去，那情景，的确令人惊叹。

五代时，后蜀国的很多宫女，也都开始学习马球，进行比赛。

到了宋朝时，皇宫里仍有驴鞠。为了与正统的打马球相互区别，驴鞠被称为"小打"，正统的打马球被称为"大打"。

这时，女子马球队达到了高潮。这和宋徽宗的支持分不开。

宋徽宗支持宫女打马球，他很爱看，也爱邀请大臣们一起看。有一年4月，春光明媚，枯树绽芽，宋徽宗在宣和殿设宴，让重臣参加。宫人都列在殿下，随着鸣鼓响起，先是表演了跃马飞射、剪柳枝、射绣球等活动，接着，宫女马球队便上场了。

宫女打马球的表演，非常奢侈，人人都戴着珠翠装饰，都系着玉带，穿着红靴，跨着小马。她们乘骑精熟，驰骤如神，在光影中，她们雅态轻盈，妍姿绰约，人间的画笔难以描述。至于她们的技术，史书形容道，简直是"妙绝无伦"。

宋徽宗把宫女打马球视为风流雅事，为此还写了3首诗来夸赞。

宋朝的女蹴鞠艺人也很多。蹴鞠艺人在宋朝已经有了等级划分，校尉是最高级别，女蹴鞠艺人被称为女校尉。这些女校尉在球场上就像蝴蝶一般飞来飞去，总能吸引到无数的观众。

到了明朝，蹴鞠成为宫里的嫔妃用来消遣的活动。田贵妃就是其中的佼佼者。

田贵妃是崇祯皇帝的宠妃，她性格内向，不苟言笑，举止文雅，琴棋书画无所不精，上马从容自如，甚至能单足站在马镫上。她还能拉弓，更能百步穿杨，是个不折不扣的文武双全的才女。

田贵妃在蹴鞠方面的技艺，更是无人能及。她在踢球时，锦衣卫从旁护卫。锦衣卫的校尉们也都是蹴鞠高手，但是，当他们看到田贵妃的潇洒风姿后都被折服，连声叫好，都说，田贵妃若是驰骋疆场，定然巾帼不让须眉。

然而，由于她深受皇帝爱护，未免骄纵，甚至对皇后也无礼起来了。皇帝知道后，很生气，让田贵妃在宫里自

省，连续3个月都不见她。田贵妃很悲伤，不久染上了重病，死时才30多岁。

民间也有许多以蹴鞠表演为职业的女子，有一个人叫彭云秀。她在蹴鞠时，能让球在身上到处滚动，还将球剧烈地上下颠簸，而球仍稳稳地"黏"在身上，不会落地。

彭云秀的演示总是会吸引许多人，一些文人为她的技艺倾倒，赞她"一身俱是蹴鞠"。

清朝也有女子蹴鞠。在早春，春光最好，少女总是以蹴鞠为乐。这种景象落入学者李渔的眼中，他特意写了一首诗，名字就叫《美人踢球》："蹴趵当场二月天，春风吹不两婵娟。汗沾粉面花含露，尘拂峨眉柳带烟。"当真是美轮美奂。

🎲 扩展阅读 🎲

踢球是唐朝的一种体育运动：女子站在1～2尺高的大木球上，以脚驱动球前进，并在空中做翻腾跳跃的动作，之后又稳稳地踩在球上。这种运动后来演变成杂技的一种。

◎用猪尿泡制球

蹴鞠界在唐朝时出现了一次大变革——充气皮球诞生了！

此前，蹴鞠之球，都是用皮革制成的，然后在球里塞毛发。那是一种实心球，缺乏弹性，虽然能够更好地锻炼力量，但对花样玩法有很大的阻碍性。

唐朝的充气皮球，则轻巧柔软，更适合踢打。

充气皮球是这样制作的：用皮做外壳；在里面装有动物的膀胱，一般都用猪尿泡作为球胆；吹满气后，便成了一个又轻又有弹性的皮球。

唐朝诗人皮日休自称"闲气布衣"，别人如何待他，他都能够接受，气态了得。时人被他深深吸引，用充气皮球来形容他，作诗道："八片尖裁浪作毡，火中爆了火中揉。一包闲气如长在，若踢招拳卒未休。"

这首诗目的是在隐喻皮日休，但也从中窥知气球的一二模样。比如，从诗中可以得知，唐朝的皮球是8片皮，球内充有气，可以任凭拳打脚踢。

▲充气蹴鞠球可以踢很高，图中蹴鞠还带有鲜艳的颜色

唐朝人在给猪尿泡充气时，最开始直接用嘴吹，但又累又难吹。有心的匠人便发明了一种小型鼓风箱，可以省力地打气。这种用鼓风箱来吹气的方法，被称为"打

揎法”。

由于球的更新，蹴鞠者就能将球踢得更高了，蹴鞠变得更加吸引人。

一日，有一个叫张芬的人，在寺庙中蹴鞠。他踢着踢着，忽然把球踢得高过了半塔。围观的人大为惊讶，连声叫好。

“寒食蹴鞠”是唐朝民间流行的活动。寒食节时，古人郊游、踏青，常常要蹴鞠，而且，以把球踢到空中超过飞鸟为乐。任何时候，在野外几乎到处都能看到“蹴鞠屡过飞鸟上”。

诗圣杜甫与蹴鞠也有密切的关系。

杜甫一生坎坷，曾在四川流亡，到了晚年，他的身体一天不如一天。有一年，正值清明节，杜甫路过洞庭湖，他重病复发，不得不躺在舟中。这时候，有人在岸边蹴鞠，还有人在荡秋千，杜甫远远望着，不由得感从心生，想到了远在千里之外的故乡，想到了自己年事已高、岁月如流不复返。于是，他写下了《清明》一诗：“此身漂泊苦西东，右臂偏枯半耳聋。寂寂系舟双下泪，悠悠伏枕左书空。十年蹴踘将雏远，万里秋千习俗同。旅雁上云归紫塞，家人钻火用青枫。秦城楼阁烟花里，汉主山河锦绣中。春去春来洞庭阔，白苹愁杀白头翁。”在诗中，杜甫将自己一生的漂泊，比喻成被踢来踢去的充气皮球。

“寒食蹴鞠”勾起了杜甫心中的无限伤悲，也说明蹴鞠已成为民俗的一部分。

蹴鞠不再是对抗性的竞技了，唐朝人在发明了能踢得高的充气皮球后，为了迎合这种足球，设立了3丈多高的球门；球门上面开出一个直径2尺的小球门，用来代替昔日的鞠室；以球射过小球门为胜。

球门设在场地中间，由7个人组成一个小队；在球门两边各站一个球队，每个球员都有自己的职责。当对方射球后，必须要接住球，不能让球落地；然后，再经过几次传递，由队长起脚射门。

队长若是没有射中小球门，球落下来后还可以踢，只要再重复之前的规则便可以了，一直到球落地才确定为输家。

这种射门，不仅是力量的对决，更是技巧的对决，只有技艺不凡者才能赢得比赛。

整个赛事中，除了队长外，其他人不允许射门。因此，队长的作用最关键。队长必须要有扎实的基本功，在射球时才能准确无误地进球。如果队长把球踢进去了，那么，球队就会有重赏；反之，如果队长没把球踢进去，那么，队长就受到惩罚，脸上会被抹上白粉，以示耻辱，还会遭到皮鞭子的抽打。

队长本来输了，已很憋屈，还要惩罚他。这种惩罚输者的方式，在世界体育竞技史上也是"独家一份"。

汉朝的蹴鞠，用于军事训练；唐朝的蹴鞠，用于饮宴表演。力量的比拼和意志的较量，变成了技艺的对决。

唐朝的教坊司和皇宫内园中，都有专职的蹴鞠艺人。朝廷中举行酒宴时，常常要召这些人前来表演。

▶最初的蹴鞠内塞毛发，踢球时踢不高

扩展阅读

　　唐朝，蹴鞠、投壶、围棋已传到海外。蹴鞠东传至朝鲜和日本等，北传至突厥，突厥分裂成东突厥、西突厥后，一些西突厥人越天山、入欧洲，把蹴鞠带到欧洲。

◎ 水里的悲欢

周邶是唐德宗时期的人，他有一个十四五岁的小仆从，别看年纪小，却精通游泳，水性特别好，能长时间潜水。有人称赞道："入水如履平地。"十分了得。周邶则称他为"水精"。

有一天，主仆二人乘船出行，在经过三峡的瞿塘峡时，小仆从见水生喜，一跃而进入湍急的水流里嬉戏。

三峡一带，数瞿塘峡最为险要，河道最为狭窄，江水最为汹涌。在峡口处，还有一块被称为"滟滪堆"的大礁石，又被称为"犹豫石"，意思是到了此处船夫们必须三思而后行。民间还流传着一首民谣："滟滪大如象，瞿塘不可上。滟滪大如牛，瞿塘不可留。滟滪大如马，瞿塘不可下。滟滪大如袱，瞿塘不可触。滟滪大如龟，瞿塘不可窥。滟滪大如鳖，瞿塘行舟绝。"足见此处险要。而周邶的小仆从却喜爱翻滚的巨浪，情不自禁地入水嬉戏，的确是精通水性。尤其是，他从潜流中浮出后，手里还举着从水底寻捞出的金银器物。

山西和陕西交界处的龙门，也是数一数二的险地，位于黄河河段上。在龙门处，由于水底底层断裂，河水落差极大，水势异常险恶。不过，自小生活在这里的龙门人却丝毫不惧，常常在此游泳，"上下如神"。

在唐朝，还有一个水性极佳的游泳家，名叫曹赞。他的水性好到什么程度呢？

他能穿着繁缛的衣服，从百尺高的桅杆上跳水；之后，他能像坐在席子上一样坐在水面上，神态悠闲。

有一次，他还让别人用一个口袋把自己装起来，捆住袋口，然后把袋子投进江中。让人瞠目结舌的是，没多久，他便从袋中脱逃出来了，在水中轻松游动，如鱼一般翻转

回旋。无数的花样和技巧，让人大为赞叹。

在南方，游泳和潜水是不可或缺的谋生手段。因此，南方有很多潜水能手。

他们临水而居，7岁便在水里玩耍嬉戏，10岁便学会游泳，15岁便精通了水性，在水里游泳潜水，就如同在岸上走路一般，自由自在，从容自若。

有的渔夫甚至可以一个猛子扎进水里，长久不出来。待钻出水面后，两只手都各握一条鱼，嘴里还衔着一条。

由于游泳这种体育活动深受古人喜欢，到了宋朝时，竟然出现了私人游泳池。

杨戬是北宋宦官，一个很会搜刮的大太监。他在聚敛了大量财物后，便在自己家的堂后修建了一个大泳池，自己常常跳进池子里游泳娱乐。

不过，这位太监游泳和洗澡是一起进行的。他每次去泳池时，都要命人在池中放置"浴具及澡豆"。在尽情游泳后，还要擦洗身体。

最早的游泳比赛也发生在宋朝。

那是宋朝初年，汴梁城金明池举行了一场游泳比赛，由于声势浩大，引得皇帝都跑来观看。比赛开始后，有人将一个银瓶丢入水中，规定第一个抢到银瓶的泳者便是胜者，此银瓶就是奖励。

一时，只见无数个游泳者摩拳擦掌、蓄势待发，待命令一发，立刻争先恐后向前游去，拿出所有本领来追逐银瓶。船上的教坊司人员，起劲儿地奏乐配合，气氛热烈、欢快，围观者竟达到了万人之多。

这次竞技，可以说是历史上最早的游泳比赛。

后来，民间将这种比赛发展成为了一种叫"抢鸭子"的游戏，总在龙舟竞渡后举行。抢鸭子，顾名思义就是，在水中投放活生生的鸭子，让参赛者去捕捞。由于鸭子很活泼，水性也很好，参赛者在捕捞时非常费劲儿，必须身

▲汹涌澎湃的钱塘江大潮

体灵活，身手敏捷，但也时常有被鸭子戏得团团转的人。因此，古人非常乐意观看，笑得前仰后合。

"弄潮"，也是宋朝游泳健将的新创造，在古代体育史上具有深远的影响力。

弄潮的意思是，当海水涨潮、涌向江河的入海口时，游泳健儿就会纷纷跃入水中、迎潮而上。

钱塘江入海口的大潮自古就是奇异的现象，每年8月中旬，是大潮最为盛大壮美的时候，潮水可谓吞天蔽日，从海上涌来时，如同崇山雪岭一般，声势浩大，声响震天。这时候，几百名披发文身的人，手持大小不同的彩旗和红绿色的小伞，跃入潮中，迎潮而游。

他们的游泳技术在今天也是不一般的，他们的身姿随着10多米高的潮水起伏，惊心动魄，令观者不敢眨眼。

他们逆流而上，出没在万仞惊涛中，腾身百变，尽量高擎彩旗。如果比赛结束后，旗尾一点儿都没有沾湿的话，便是赢者。

弄潮儿使出浑身解数，豁出性命在大浪中表演，稍有不慎就会丢掉性命。而这种冒险，并不仅仅是为了显示游泳技术，更多的是为了商业牟利。这种弄潮表演，会带来巨大的惊险感和刺激感，会让人的精神受到极大鼓舞，因此，在观潮者中，不乏达官贵族，若是表演精彩，他们会慷慨解囊，赏赐无数钱物，这对于生活在底层的弄潮儿来说，是个解决生存问题的途径。

明朝也有许多游泳冠军，但在他们的游泳生涯中，也都伴随着危险。

明朝很多人都以采集珍珠为生，这让他们练就了一身弄水的好本事。采珠时，他们准备一根绳子、一个篮子，把绳子的一段系在腰间，另一端绑在船上。接着，他们便拎着篮子跃入水中，潜到400～500尺的深海中寻找蚌类，采集珍珠。

他们没有任何换气装置，也没有任何保护装置，在巨大的水压下和缺氧的状态中，他们完全依靠对水的掌握来工作。

不幸的是，他们虽然驾驭了水，但却无法逃脱鲨鱼等海洋生物的袭击。时常有人会因此而殒命沧海，流在海底的血慢慢地浮泛到海面上，等在船上的人看到后，无奈地唏嘘泪下。

扩展阅读

隋炀帝开设了一种举重课，要求考生手持一丈七尺的门关，将它反复举10次，以此考验他们的武力。这种考试，使许多地位寒微的人也有了入选武举的机会。

◎秋千中的力学

秋千和山戎有什么关系呢？

关系颇大。

山戎是春秋时一个强大的北方民族，深山水泽就是他们的聚居地。他们野性十足，无论男女老幼，几乎人人皆兵。就在3000多年前的一天，山戎偶然间走出了深山，他们向弱小的燕国发动了攻击。

燕国骇然大惊，在披头散发的山戎人的冲击下，逃散流离，燕国国君被迫把都城迁走，移到了临沂。

燕国吃到了苦头，山戎尝到了甜头，山戎更加猖狂了，竟然一直追击燕国，也追到了临沂。

燕庄公寝食难安，连忙派信使日夜兼程赶往齐国，向齐桓公寻求帮助。

齐桓公为振作齐国声势，立刻答应下来。齐桓公亲自带兵讨伐山戎。在燕国边境处，齐桓公遭遇山戎，发生大战，一战即胜。之后，齐桓公继续行军，与燕庄公的军队会合，然后，深入太行山，寻歼山戎。

齐燕二国的兵力，足足有20万。山戎势单力薄，被打得落荒北逃。齐桓公没有罢休，誓死猛追，一鼓作气从北京追到河北，又追到东北的锦州。行程遥远，深山崎岖，毒瘴四起，但齐桓公毫不放松，苦战8个月后，终于彻底击败山戎。山戎元气大伤，在之后长达百年间都不敢出山，燕国总算获得了安静。

在凯旋的途中，还发生了一个有趣的故事。齐桓公的军队在密林里迷了路，丞相管仲找来几匹老马，让它们在前面走，军队则跟在后面，结果竟然走出了迷宫般的大山。这就是成语"老马识途"的来历。

齐桓公帮了燕庄公的大忙，燕庄公感激不尽。当齐桓

▲秋千起源于山戎，深受小儿、女子喜爱

公返回齐国时，燕庄公送了一程又一程，竟然一直送到了齐国国境中。齐桓公很感动，因为按照礼制，诸侯只有在送天子时，才能送出境；诸侯之间的相送不能出境。因此，齐桓公过意不去，决定送燕庄公一个礼物——他把这块地送给了燕国。

此行，齐桓公收获了感动、荣誉、信任，还收获了一种锻炼方式——荡秋千。

山戎来自山野，成日与树藤打交道，便发明出秋千。他们充分利用了力学原理，摇荡其上，可以采摘到更高处的野果、嫩叶，还可以使体格变得更加矫健敏捷，而且，非常好玩有趣。因此，荡秋千是山戎生活中必不可少的一部分。齐桓公注意到了秋千的好处，把秋千带到了中原地区，结果，一下子就受到了喜爱。

一些心灵手巧的人在荡秋千后，还利用力学原理，发展出另一种有趣的体育活动：将一根大柱子立在地上，柱顶上装有轮子，从轮上辐射出4根竿子或绳子，玩游戏的人随着轮子边跑边悬垂在竿或绳上，十分有趣。它被称为"磨秋千"。

秋千这个名字，并不是来自山戎，山戎没有为它起名，齐桓公也没有。它的名字，来自汉朝。

汉朝的后宫中，流传荡秋千，尤其是在祝寿庆典上，荡秋千必不可少。宫女们于是把它叫作"千秋"，是祝寿之词，后来传来传去被误传成了"秋千"。

在古代女子眼中，荡秋千至少有两大好处，一是可以"摆疾"，即驱除疾病；二是可以"释闺闷"，女子常年处于深闺中，缺乏自由，荡秋千有助于摆脱烦闷之情。

尤其是宫女，她们不得出宫，寂寞孤独，而秋千却能给她们带来很多欢乐。在唐朝，每到寒食节，宫女们便会将秋千竖起，把自己打扮得花枝招展，荡漾玩耍。秋千起落，忽上忽下，一时在地上，一时至枝头，她们的衣裙翩飞招展，头上花朵摇颤，映衬着流荡的彩云，让人恍惚有一种即将飞升成仙的错觉。由此，荡秋千又被称为"半仙之戏"。

宫女们在荡秋千时，会吸引皇帝观看。这时候，一些美丽的宫女就会得到皇帝的宠幸，从而平步青云，改变命运。正是这个原因，宫女们对秋千的喜爱简直到了无以复加的地步。

从唐朝起，荡秋千成为寒食节、清明节的一部分，主要在春季进行，同时，还伴随着蹴鞠比赛。

到了宋朝，秋千架不再是皇宫的专利，很多富贵人家也专门设有秋千架，甚至还专门开辟了荡秋千的院落。

大诗人苏轼在行路时，听到了墙内荡秋千的笑声，他被深深吸引，写下了千古绝句："墙里秋千墙外道。墙外行人，墙里佳人笑。"

苏轼还看到，有一些贵族女子在夜里荡秋千。她们穿着闪亮的华衣，在寂静的庭院里荡秋千，在空中飞舞，上上下下，来来去去，仿佛仙女出没在天上，吸引了无数人驻足观看。苏轼也在人群中，他感叹不已，又写道："歌管楼台声细细，秋千院落夜沉沉。"

明朝的商业非常发达，一些豪阔者妻妾成群。这些女子无事可做，便依靠荡秋千来打发时间，消烦解闷。

明朝的皇宫里，也设有秋千架。由于秋千几乎人见人爱，明朝人干脆把清明节叫作"秋千节"。

清朝时，每逢正月十九，皇宫里便会设下宴席，隆重表演西洋秋千：把一根柱子竖在地上，把一个十字架横放在柱顶，十字架的四端都挂着一架秋千，可供4个人同时玩耍，推动之后便随着柱子旋转。其实，这就是中国在战国时就发明的磨秋千。

扩展阅读

唐朝实行武举制，负重、才貌等都是考核内容。"负重"要求负米5斛，行20步，以考验耐力和力气；"才貌"要求身高6尺以上，躯干雄伟者为次上，以下为次。

第六章
宋辽金元的民族体育

　　宋辽金元时期，经济得到大发展，城镇手工业多样化，社会繁华鼎盛。以娱乐为主的体育活动，变得越来越盛行。而各种民族矛盾的杂糅，又使军事体育变得生机勃勃。各种体育活动的方式、规则等，都通过印刷术得到了正式记载，推动了体育文化的传播。

◎潜伏的游泳好手

五代十国时，社会动荡不堪，几个南方小国战争不断。由于处于江南水乡，水兵是主要的作战兵种，游泳是不可或缺的重要本领。

有一次，吴军将领冷业率兵进攻岳州，岳州刺史许德勋为了迎战，组建了一支由善游者组成的奇兵队。他悄悄地让这50名善游者用荷叶覆盖着头部，手持长刀，浮江而下。

当夜色浓重后，这些人扔掉荷叶，钻出水面，偷袭吴军的营地，并点燃耀眼的火把。冷业军中受到惊扰，慌张失措，东跑西逃，乱成一团。许德勋这时便率领大军追击，大破吴军。

又一次，吴国的军队袭击吴越国的苏州城。眼看着苏州城危在旦夕，吴越国想要调派大将杜建徽前来救援，可是苏州城已被吴军围得水泄不通，除了水路以外，别无他法可以传递消息。

吴军也想到了水路可能会成为吴越国的送信之途，便在水中张开大网，网上缀着许多铃铛，哪怕是鱼鳖游过，铃铛都会响，都会让吴军警觉、查勘。有了这种方法，吴军就不怕吴越国通过水路送信了。

那么，吴越国应该怎么办呢？

这时，一个游泳高手司马福出现了。司马福被吴越国秘密请来，帮忙传递消息。他对自己的游泳技术很自信，认为可以通过大网。于是，他便携带求援信下了水。

司马福在水里潜游了3天。为了通过大网，他猫在水中，用一根长竿去触网，结果吴军听到了铃铛响，立刻举网察看，当他们看到是一根长竿后，这才放心。而司马福却利用这个短暂的时间，像鱼一样悄然游过，成功地将消

▲流水使人类学会了游泳，从而更好地生存

息传递了出去。

后周与南唐也发生过一次紧张的水战。

后周为击败南唐，采取了奇策。主将张永德在夜里派遣了很多游泳好手，在黑灯瞎火中潜到南唐的战船下，鸦雀无声地用铁链把敌人的船只都拴在了一起。

之后，张永德命令水军大举进攻。南唐急于迎战，但战船却被铁索所困，进退不得，只能劈头盖脸地挨打，损失惨重。

打了胜仗之后，张永德高兴极了，将自己腰间的金带解下来，奖励给了这些水下潜伏者。

南宋与元朝对抗时，也把游泳这项体育技能运用到了军事中。

张贵是一名南宋将领，他参与了宋朝末年的抗元战争。襄阳被元军团团围困后，他奉命前去增援襄阳。

张贵驻扎在襄阳的水域后，遇到了一个难题，他要给郢州的宋朝驻军送军事情报，可是，却被汉水阻隔。元军为了不让宋朝派船来增援，早就在汉水的河道里布满了木桩，又在木桩上缠上铁索，形成一个密不透风的大网，船根本无法在水面上行驶。

张贵苦思冥想，秘密找来两个壮士，让他们潜水送信。

两个壮士领命后，将密信用防水的油布裹好，缠在身上，然后，携带锯子入水。他们夜间泅游，用锯子锯断木桩，然后，躲在茂密的苇丛中小憩。

元军没有想到水中会潜伏着游泳好手，不太在意，因而没有发现两个人的踪迹。于是，两个人在经历了千辛万苦后，终于越过了元军的水障，将信送到了郢州。

这两个人又一路潜水，从郢州回到了襄阳，将经过报告给了张贵。张贵感慨于他们的勇敢和忠诚，对他们赏赐颇多。

元末明初时，游泳在军事上也起到了重要的作用。

元朝后期，以朱元璋为首的各大势力争霸天下，皆想立国称帝。无锡州守将莫天祐忠心耿耿，誓死捍卫元朝。他的手下，有一个极其善于游泳的人，名叫杨茂。一天，莫天祐将他叫过去，告诉他，朱元璋攻打各地，想要趁乱称帝，一旦湖苏地区被他攻破，元大都就岌岌可危了，因此，一定要尽全力阻止他。

莫天祐打算联系苏州城守将张士诚，联合苏州和无锡州的兵力，组成联军，共同抵御朱元璋。他写好了书信，事先进行了蜡封，让杨茂悄悄下水，把信送到苏州城。

杨茂接受任务后，找了个没人的地方下水，悄悄地向苏州城游去。

好不容易潜游到了苏州西门——阊门，他引颈一看，眼前的一切让他目瞪口呆。

原来，朱元璋早就料到他们会从水里传递信息，不仅在岸上布设了重重障碍，还在水里暗设了几道水栅。杨茂被抓了个正着，密信也暴露了。

杨茂本以为自己必死无疑，谁知守将没有杀他，而是将局势向他娓娓道来，说清了利弊，让杨茂归附朱元璋。杨茂不禁动心了，他背叛了莫天祐。

在与守将商议后，杨茂再次潜到水中，到达苏州城，顺利见了张士诚。张士诚不知道杨茂已经背叛，便写了一封回信交给杨茂，让杨茂带到无锡州去。

杨茂答应后，再度潜水，但他没有将信传递给莫天祐，而是交给了朱元璋的守军，并伪造了一封假信交给莫天祐。

由于杨茂的行为，莫天祐与张士诚完全陷入了被动挨打的境地，结果张士诚被俘获，莫天祐誓死不降，以身殉国。

对于元朝来说，杨茂是个叛国者；对于明朝来说，杨

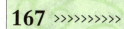

茂又是个爱国者。暂且不论他的政治立场，单就他的游泳技术来说，他应该是古代体育史上一个不可忽视的健将。

扩展阅读

晋朝人周处善游泳。义兴的河中有一条大型凶猛的水蛇，山上还有一只白额虎，周处杀死猛虎后，跳入河中与水蛇缠斗，在江中沉浮漂流了几十里，三天三夜后，水蛇死。

◎马球的命运

宋太宗赵光义日理万机，却非常关心马球，他还制定了关于马球的详细规定。

那个时候，大明殿前有一个马球场，球场的东西两侧，分别立着一个石莲花座，中间是高达丈余的木制球门，球门两侧，还有24面绣旗。

比赛时，有两个马球队，每队都有一个守门员，和现在一样。

不一样的是，比赛时有宫廷乐队奏乐。

有5面战鼓置于双方球门的旗下，左边的马球队员穿着黄斓衣，右边的马球队员穿着紫斓衣，所骑的马，马尾都要打结。

当鼓乐声响起后，皇帝先行开球，之后，诸位队员争先恐后地御马疾奔，争夺马球。

宋朝以筹来计分。大明殿的台阶下有一个空的旗架，若是有人进球，便在旗架上加一面绣旗。还有专门的侍卫，手持红旗，在得分时唱筹。

唱筹也有规定，若是皇帝进球，要喊万岁；若是大臣得分，只喊声好就行了。

打马球是重要的军事练武手段，但北宋是个例外。北宋的国策是以防守为主，因此步兵较多，骑兵较少，马球虽然积极开展，但没有运用到军事中。

到了宋徽宗时期，北方的辽国和金国都对宋朝虎视眈眈。这两国的皇帝都重视马球，他们不仅自己打球，也将打球融入军事训练中。

尤其是金国，为了号召全民勤练武艺，甚至明确规定，每逢5月5日，无论君臣，都要进行射柳、打马球的比赛。

金世宗还在常武殿打马球，由于皇太子是因为打马球

而不慎坠马身亡的，大臣们劝阻他不要再打马球了，以免再发生意外。金世宗却正色道，祖先都是以武力平定天下的，我岂能忘祖？只有我以身作则，才能让国民不会忘记练习武艺强身健体。

金国将宋徽宗掳走后，把宋徽宗贬为平民，把他的妃子、宗室、文武百官都押送到了北方，北宋正式宣告灭亡。

宋徽宗在被押解的路上，听说财宝被劫掠一空，毫不在乎，没有放在心上。一时，他又听说，皇家的藏书被抢去了，这位热爱文学的皇帝登时脸色大变，痛心不已；一时，他又听说，他宠爱的妃子被强行带走了，他怅然若失，黯然失色。

在燕山府休憩时，宋徽宗的心情已经败坏到了极点。恰值端午节，金国要准备射柳和打马球的竞赛，他们派来使者，逼迫宋徽宗去看马球。

宋徽宗在位时，最喜欢观看宫女打马球。而现在他身为阶下囚，已经失去了观看打球的兴致，尤其是，还要观看让他亡国的人的比赛，他感觉无比屈辱。

他不想去，再三推脱，可是，金国不允许。最后，他

◀马球人俑，动作生动形象

只能去了。

金国还不罢休，又强迫宋徽宗写诗赞贺。宋徽宗被逼无奈，不得不作诗，写道："锦袍骏马晓棚分，一点星驰百骑奔。夺得头筹须正过，无令绰拨入斜门。"

"正过"和"斜门"，都是马球术语，从字面意思看，是说以偷袭的方式将球射入门中不算真正的胜利，只有抢到球在正面开球进门才算赢家。其中暗藏的意思是，金国攻灭北宋，是不义之举。

北宋消亡后，南宋建立，主战派为了一雪前耻，想要北进，收复失地，因此将骑兵列入了军制中，军中打马球的比赛才开始兴盛起来。

▲彩绘马球壁画，画中人物正在抢球

陆游是南宋诗人，他12岁便能写诗文，有"小李白"之称。17岁时，他已经小有名气。至临安赶考时，不巧秦桧的孙子也参加了此次考试，陆游的名次排到其人前面，秦桧大为生气，罢黜了陆游。一直到秦桧死后3年，陆游才被重新启用，仕途极其坎坷。陆游想着皇帝被金国掳走，心中痛恨、羞耻，他坚定地主战、抗金，却得罪了求和派，再度受到了排挤。陆游饱受苦难，但并未颓丧，他参加了北进的先锋军队。这段岁月让他极为怀念，他写道："军中罢战壮士闲，细草平郊恣驰逐。洮州骏马金络头，梁州球场日打球。"也就是说，他们在训练时，经常打马球。

陆游的爱国信念至死不渝，但由于求和派的阻挠，南宋军队始终无法攻克金国，陆游收复中原的梦想也一直未

能实现。到了老年时，他白发苍苍，回想起当年打马球练兵的豪情壮志，感慨万千，作诗道："闲试名弓来射圃，醉盘骄马出球场。长城万里知谁许，看镜空悲两鬓霜。"格外悲凉。

马球作为一种体育运动，对人的身心大有好处，让人更加朝气蓬勃。但到了清朝时，朝廷禁止民间养马，致使流传了千年的马球运动几乎绝迹，仅存寂寥的一些专业艺人偶尔进行马球表演。

扩展阅读

　　南北朝时有一伎人，名孙荆玉，能反腰贴地，衔得席上玉簪；还有一舞人，名张诲琬，腰围一尺六寸，能做掌中舞。在现代体操中，仍保留着类似的下腰和托举动作。

◎围棋史上的里程碑

北宋刘仲甫棋艺高强，被称为围棋国手。在成为国手之前，他还有一段神奇的故事。

他居住在钱塘时，每天去观看高手对弈，早出晚归。几天之后，他在所居住的馆舍门口竖起了一块招牌，上面写着：江南棋客刘仲甫，奉饶天下棋先。

招牌上写清，若不能对弈成功，输银300两。

第二天，钱塘的富豪们邀请刘仲甫在城北的紫宵楼见面，与城里棋品最高的人对弈。

棋下到了50子时，刘仲甫的棋局岌岌可危，看起来好像马上就会输掉一样。又下了20子，刘仲甫的棋局已呈必输的败势。

刘仲甫忽然站起来，将棋局搅乱，将棋子收入棋盒中，说自己已经赢了。

围观者大为愤怒，指责他耍赖。

刘仲甫表现淡然，毫不理会众人的谩骂，把棋子又拿出来，自顾自地在棋盘上摆出来，讲解棋局。

他指着自己的白棋说，虽然白棋好似已无路可退，实际上有很大的胜算，能赢黑子10余路。

说完，他便将白子下在了一个最不起眼的地方。围观者很迷惑，不大明白。他解释说，待到下20着后，这一步的妙用便会看出来了。

果真如他所说，下了20着后，此子正处于最关键的地方，整个局势立马改变。到最后，白子果然胜了13路。

刘仲甫还把他这几天看到过的对局，也都边摆边讲述，并详细说明，某日某人某局因何大胜，又失在何处……

他一口气摆出了70多局棋，竟无半点儿差错，讲的又十分在理。众人也由愤怒转为叹服。

▲图中的棋盘反映出，围棋在古代十分盛行

刘仲甫名声大振，后来成为了一代国手，在长达20年的时间内都没有遇到过对手。

这20年中，新棋手层出不穷，都想打破刘仲甫不败的神话，但没有一个人能做到。

有一个叫祝不疑的人，围棋造诣很高。有一次，他进京办事，同乡将他拉去观看国手下棋，刘仲甫正好也在此处。祝不疑的同乡怂恿他和刘仲甫下棋。

上了棋局，祝不疑请刘仲甫让子。刘仲甫说，只有高手才在这里下棋，因此应该是对子才行。第一局开始了，刘仲甫让先，棋终时，刘仲甫赢了。

第二局祝不疑又请刘仲甫让子。刘仲甫沉吟片刻，道："就你最初的棋路而言，我是不能让先的，可你后来的棋路大为混乱，如果你还是像后面这样下的话，我让五子都行。"

祝不疑笑而不语，和刘仲甫开了第二局。

下到30余子的时候，刘仲甫突然停止下棋，有些抱歉地告诉祝不疑，自己还与朋友有约，不得不先行离开。

在离开前，刘仲甫忽又问祝不疑："我久不出京城，可天下有哪些有名的棋手我都是知道的，近几年衡州有一位叫祝不疑的人，棋力极强，不知道你可否认识？"

刘仲甫隐约感觉到，与他对弈的人可能就是祝不疑，所以才这样发问。有人说，此人正是祝不疑。刘仲甫听后，极为感叹。

后来，刘仲甫先后拜访过祝不疑好几次，可奇怪的是，每次他都不谈下棋的事。有人认为，这是刘仲甫看出祝不疑棋力强劲，担心自己落败，影响一生之名。

至于是否如此，无人知道。

刘仲甫根据自己一生的棋艺，撰写了《棋决》一书。书中第一次以战略的角度，提出了围棋布局的问题，指出下棋时，要纵观大局才可能胜利。

　　《棋决》将任何一个局部的得失，都放在全局进行考察，这一点，意义十分重大。这本书也成为围棋发展史上的一座里程碑。

🎋 扩展阅读 🎋

　　明清的武举考试题目中，弓有8力、10力、12力；刀有80斤、100斤、120斤；石墩有200斤、250斤、300斤。只有"弓开满，刀舞花，掇石去地尺"才算合格。

◎世界上最早的"足球协会"

宋朝有很多传奇的大城市，每个大城市中，都有几十万人。这么多人，若一个人有一个想法，就能使世界变得五颜六色了。

瓦舍勾栏，就是千万个想法中的一个。它是一个职业表演机构，拥有很多艺人，买票进入便能观赏。

瓦舍勾栏就像第一朵拱出文化土壤的蘑菇，之后，在它的带动下，便有无数的大小"蘑菇"诞生了。

比如，有演剧的"绯绿社"，有唱民乐的"清音社"，有射弩的"锦标社"，有相扑的"角抵社"，有蹴鞠的"齐云社"。

齐云社，意思是能将球踢入云端；它又名圆社，意思是足球是圆的。

由于蹴鞠很流行，很多艺人都是专业的蹴鞠运动员，他们通过蹴鞠表演来维持生计，齐云社因此而生。齐云社揽了一大批蹴鞠手，作为会员，这些会员称为"圆友"。

齐云社是一种民间机构，也是世界上最早的"足球协会"。

齐云社的会员中，有一个人很有名，他叫高俅。高俅球技很高，但他没有依靠球技挣到钱，他便给诗人苏轼当书童。后来，他偶然地进入了驸马王晋卿府上，在那里当了侍从。高俅从未放弃蹴鞠，经常在闲暇时锻炼。

有一次，端王来到驸马府，与驸马在其后院里蹴鞠，一不留神，把球踢落到地上。球正好滚到了一旁侍立着的高俅身边，高俅心痒难耐，忍不住抬起脚，使了个鸳鸯拐，将球踢了回去。动作、姿势、精准度都漂亮娴熟得惊人。

端王在惊讶之余，非常高兴，立刻将高俅要过来，纳入端王府，做了贴身随从。不久后，端王继承皇位，史称宋徽宗，作为贴身随从的高俅也身价倍增，成为殿前司都指挥，后来更是当上了太尉。

高俅可谓是以球发迹的典范。不过，如此发家的人不止他一个，还有柳三复。

柳三复颇有文气，他进京赶考后，成了秀才，可是，由于拿不出钱财贿赂官员，他始终得不到提拔。柳三复很焦虑，时刻筹谋。他也有高超的球技，当他听说丞相丁渭爱踢球又爱人才后，便打定主意，每天守候在丁渭蹴鞠的后院墙外，以便等到机会得到丁渭的赏识。

功夫不负有心人，机会终于来了。

这天，一只漏球蓦地飞出了墙外，柳三复连忙跑过去，把球捡起，顶在头上，昂首挺胸地走进了丞相府。到了后院蹴鞠场，柳三复见到了丁渭，特意躬身行大礼。在下跪时将头上的皮球顶得颤抖跳动，但还不掉下来；行礼又稳重，与头上弹动的球互相配合，交映成趣。

丁渭见他控球功夫如此之好，十分开心，询问他是哪里人。柳三复便告诉了他前前后后的缘由。丁渭大悟。次日上朝，丁渭把情况禀奏给皇帝，皇帝听了，赐予柳三复大官。

官禄可以凭蹴鞠得到，这也是蹴鞠飞速发展的原因之一。

朝野中，有许多蹴鞠能手，但是，要想展示绝活儿，必须要有个舞台，而这个舞台，就是齐云社。

入社不是一个简单的事情，首先要拜师，准备酒礼，置办筵席、礼物，

▼《宋太祖蹴鞠图》，皇帝踢球时神态极其专注

赠予师傅，还要以银钞或者靴袜送给师傅。这还不算完，还要举办被称为"新人会"或"圆会"的酒席，宴请社里的诸位圆友。若是不照这一套法子来做，就得不到承认，还会被耻笑。

齐云社规矩细致、严明，包括蹴鞠技艺、比赛规则、运动服装、运动道德等。它们都是一些朗朗上口的口诀，会员必须能背诵。

尤其是，在蹴鞠时，要注意细节，衣服可以破旧，但不能邋遢肮脏；语言要文雅，态度要诚实，举止要优雅；身体要直不要曲，双手要垂不要飞，双脚要低不要高，踢时要迟不要疾。如果不能做到这些，就是不合格的会员。

还有"十要紧"：要和气，要信实，要志诚，要行止，要温良，要朋友，要尊重，要谦让，要礼法。

还有"十禁戒"：戒多言，戒赌博，戒争斗，戒是非，戒傲慢，戒诡诈，戒猖狂，戒词讼，戒轻薄，戒酒色。

还有"十不踢"：筵席前，饮食后，有风雨，泥水处，灯烛下，穿三青，无子弟，毽表破，心不暇，制服新，这些情况下都不准踢球。

对于球，齐云社也有明确规定：初场时，要给球添气；中场时，要给球溮水，也就是在球面上淋水；末场时，要给球打散，也就是给球放气。

齐云社还在不少城市有分社。这样一来，会员们可以四处游走，寻找更多的圆友交流。这也促进了蹴鞠的广泛流传。

外地的圆友来拜访时，也不能随随便便，要进行"撞案"。

撞案，是一种对蹴鞠能力的测试，来者要将自己蹴鞠技法写在纸上，测试时逐一进行。"或脚头，或解数，或十一踢，或成套数，或截滚弄"，将本领尽情展示。

撞案不简单，光是一个"脚头"，就十分不易。被测试的人要用脚来颠球，左右要连续各颠100下，双脚又不能相杂，球必须平稳，若是忽高忽低，也算失败。

撞案有3次机会，若3次都失败，只好打道回府锻炼球技，之后再来。

▲ 由象牙制成的古代象棋

很多会员都乐此不疲，因为撞案既能得到圆友的信服，又方便切磋；如果技艺差，还能得到指点。

齐云社的会员都很骄傲，自信，甚至得意。在他们心中，就连华佗的五禽戏也比不过他们的蹴鞠。

宋朝蹴鞠侧重于表演、娱乐。只有单球门，称为"筑球"比赛。比赛时，把一个球网在场地中间高高拉起，网上开有一个洞，一尺左右，名字是"风流眼"。风流眼就是球门。

官员们上场蹴鞠时，他们的随从各自拿着弩机、鹞鹰和粘竿，站在旁边助威，摆排场。还有一些人在旁边奏乐，有吹笛子的，有敲鼓的，有打檀板的，还有高声唱歌的。著名散曲《圆里圆》就是为蹴鞠助兴时所唱的歌，是世界上第一首"足球之歌"。

崇尚清静的道士，竟然也是业余的蹴鞠选手，比如郭承义。

郭承义是明朝人，在显灵宫修道，他酷爱踢球，以蹴鞠自娱自乐。由于他总是蹴鞠，不知不觉中，球技越来越高，甚至能让球沿着身子"前后上下，终日飞动不堕"。

更厉害的是，他能同时与好几个人一起踢球。不管别人怎样把球踢过来，他都能自如地应对、接住，从来没有过失误。

还有一个名叫王敏的人，球技了得，明宣宗朱瞻基观看他的展示后，惊讶得不得了，一定要把他留在宫中随时观看。可是，王敏是个年轻的男子，在到处都是嫔妃和宫女的后宫颇有不便。而明宣宗又舍不得。怎么办呢？

有个人想了个主意，将王敏阉割成太监！

明宣宗认为这个主意甚好，立刻执行，结果，王敏就这样被留在了宫中。

这大概是最缺德的主意了。

🎐扩展阅读🎐

象棋在宋朝时已经基本定型，马走日象走田，车走直线炮翻山，和现在的象棋已一模一样；还有专业的象棋艺人；水手上船时以木制象棋消遣航海的孤独和烦躁。

◎袒胸露乳的女相扑手

女子相扑在宋朝很火爆，一些职业女相扑手，进入了朝廷的教坊司。史书上记载名字的有张椿等10个人。

还有一些女相扑手行走在民间，史书也对她们进行了记载，如赛关索、黑四娘、嚣三娘、女急快等10个人。

一般情况下，史书的记载都是非常挑剔的，能够跻身史册的人，都是极为特殊的人。由此可见，这些女相扑手的确名震一时。

官家的女相扑手，都是应朝廷宴会的官差。在正式演出前打场子的，都是民间的女相扑手。为了公平起见，相扑比赛的选手都必须赤裸上身，只穿短裤，这一条，要求女子也遵守。

宋仁宗年间，正月十八，皇帝莅临宣德门观看百戏，其中就有女子相扑。宋仁宗看得入了迷，目不转睛，意犹未尽。

民众也围得水泄不通，盯着半裸的女相扑手，眼睛都直了。

大臣司马光觉得羞愧，他颇为不满，紧急上书，说这种赤裸上身的相扑活动有碍观赏，况且还是在冰天雪地最冷的时候，不穿衣服也会损害相扑手的身体。

总之，司马光建议，要么取消半裸相扑，要么让相扑手都裹严实些。

不过，不仅皇帝不听，民众也不听，女相扑手还是袒胸露乳地上阵。

由于相扑空前繁盛，职业相扑手越来越多，他们入官服役后，被称为"内等子"。

一些膂力强健的内等子，在皇帝出巡时，要走在御驾前，担任徒手侍卫，即虎贲郎将。

▲珍贵的女子相扑石刻

按照编制，一共有120人组成御前内等子，并分成上、中、下3个等级；每隔3年再重新选拔一次。

这些皇帝的保镖，大都是从军队里精选出来的，并不是市井里的乌合之众。他们遵守军纪，每个人领取的俸禄与自己的本事直接挂钩，本事越大，得到的赏赐就越多。

与现在不同，古代的相扑比赛不按照身体的轻重来区别比赛。因此，古代相扑手都致力于增加体重，身体越重便越会在力量上占便宜。许多大力士由此出现，比如"撞倒山""倒提山""武当山"等。

相扑比赛不只是拼力气，还有智慧的比拼，是对参赛者心理素质的一个考验。

北宋灭亡后，相扑还在盛行。到了南宋时，护国寺南高峰的露台上，还定期举行大规模的相扑比赛，俗称"打擂台"。每到比赛的时候，擂台附近总是人满为患，很多人被挤得下不去脚，便爬到房顶上观看。

韩福是一位在全国比赛中夺冠的相扑手，皇帝龙颜大悦，赏赐给他银杯、彩缎、马匹，还将内等子官位赐给了他。

民间的相扑手更加活跃，他们聚在一起，成立了"角抵会"。这是历史上最早的"摔跤协会"。

角抵会中，还有被称为"社条"的规则，还有专门的裁判进行仲裁。

一个叫调露子的人，还著有《角力记》，回顾了相扑的发展过程。这是体育史上第一部专著。

扩展阅读

相扑传到日本后，被纳入日本的烦琐礼法中，成为国技。日本的相扑场地为圆形，类似于太极，4根柱子象征四季，选手在赛前要喝神水，裁判要在中间进行仲裁。

◎ 水秋千：古老的花样跳水

齐桓公的夫人蔡姬年轻活泼，善于游泳。有一次，二人在水中划船嬉戏，蔡姬年幼，一时兴起，故意摇晃船只，咯咯发笑。齐桓公年迈，水性不好，这下可吓惨了，大声惊叫起来。蔡姬觉得更加有趣，将船摇得更加剧烈起来。

待上了岸，齐桓公十分生气，把蔡姬遣回了蔡国。

蔡姬是蔡国国君的妹妹，见妹妹被送回来，国君丢了颜面，十分恼怒，便将妹妹又嫁给了楚国的楚成王。

自己的夫人被嫁给了别人，这让齐桓公更觉丢面子，他一怒之下，带领其他八个小国军队，前去讨伐蔡国。蔡国是个小国，兵力不强，没多久便举旗投降。

战胜蔡国后，齐桓公又将矛头指向楚国。

楚国人见齐桓公前来邀战，十分惊讶，莫名其妙，因为齐楚二国相距甚远，几乎没有什么往来，更别说能挑起

▼荡舟嬉水是常见的体育形式

战争的恩怨了。一时间，楚国人丈二和尚摸不到头脑，压根不知道此事与蔡姬有关。

齐桓公自己理亏，又不好意思说自己是来抢媳妇儿的，便找了个理由，说周天子南巡楚国时，死在了楚国境内，他是来为天子讨公道来的。

这个牵强的理由实在是可笑，因为周天子是在过桥时落水而死的。因此，楚国人答道，天子是如何死的，你应该去问汉水，问我们有什么用？

双方唇枪舌剑地计较半天后，最终以齐国理亏撤退而告终。

究其根本，这场战争完全是由荡舟弄水引起的。荡舟弄水在古代让人感到恐惧，但在现在，它作为一种水上运动，却极受欢迎。

水上运动是在宋朝时被发展成了一种艺术表演。宋朝人对水性的掌握和了解，使他们发明出很多水上体育项目。

其中一种，便是水秋千。

水秋千的表演极其惊险，是将一个高大的秋千立在大船上，表演者利用秋千荡到空中，与秋千架一样高，然后，瞬间脱离秋千，一个猛子扎入水里。这种花样跳水，比起蔡姬荡舟弄水剧烈多了。

水秋千运动可以称为"动态跳水"。这种跳水比固定跳板的跳水更加困难，也更加危险，参赛者必须等秋千板荡到最高点时，才能快速起跳，稍有迟疑，便可能摔落到船上，造成伤亡。

水秋千一般只在朝廷的大宴会上才出现，平民和深居宫中的人很难看到。因此，后宫中的嫔妃和宫女都对它充满兴趣，当听说有水秋千表演时，便争先恐后地登上楼阁，打开窗户远远眺望，所谓"内人稀见水秋千，争擘珠帘帐殿看"。隔着遥远的距离，她们基本上什么也看不到，而她们拥挤在窗棂的美艳风姿，却成为一道风景。

水秋千在宋末的时候，就因为危险性高而渐渐没落了。此后的文献中，基本上没有这三个字了。

> ### 扩展阅读
>
> 古代的水球运动类似于现在的打水漂，宋朝宫女常在宫中清流旁掷球。宋徽宗诗云："苑西廊畔碧沟长，修竹森森绿影凉。戏掷水球争远近，流星一点耀波光。"

◎徒手体操：八段锦

宋朝的开国皇帝赵匡胤，出生在军人之家，从小便喜爱骑射和练武，一身好武艺便是捧打出来的。

在历史上，他可谓是武功第一的皇帝。他创立了武术界六大名拳之一的长拳，双截棍也是他的一大发明。

赵匡胤极具冒险精神，在21岁时便告别父母和妻子，开始浪迹天涯的生活。不少地方都留下了他的足迹，但他一直没有找到能实现理想抱负的机会。

一个偶然的机会，他加入了一支平叛的队伍。凭借高超的武艺，他担任了禁卫军长。在南征北战中，他屡建奇功，又被提拔为禁军高级将领。之后他一发不可收拾，竟然夺取了后周的政权，创建了宋朝。

在这个漫长曲折的过程中，赵匡胤深知开展军事体育的重要性。于是，为了大大提高军队的战斗力，他规定，在招募禁军时，必须按照"兵样"来选取：先看身材，然后测试跑步和跳跃能力；除了这几项，少壮拳勇者，择优录取。

赵匡胤还规定，禁军在训练时，必须参考专门用于教导的图像来完成，动作必须与图像一致，不能有丝毫偏差；为了杜绝无用的花拳绣腿，练习马射、步射和马上格斗时，也必须参照图像。

赵匡胤的这些规定，很专业，有利于军人得到更好的提升。

不过，激烈的锻炼或者不得法的锻炼，也会导致身体受到损伤。因此，一些宋朝人开始关注养生体育。

在这种情况下，八段锦问世了。

八段锦中，注重气的运行。时人认为，气是长寿的条件。因为练气可以养精，练气可以养神。只有精神旺盛了，

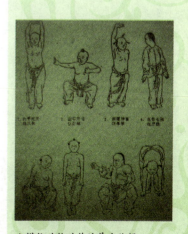

▲模仿动物动作的养生体操

身心"结实"了，才能强壮，才能活得久。

八段锦中，还注重按摩。按摩的运动量不大，动作简单，随时随地都能进行，不费劲儿。比如，多梳头，多叩齿，多用双手揩摩脸庞；在吃饱后，慢走百步，手摩脘腹，帮助消食。

总之，八段锦是一种包括上下肢的全身活动，兼有吐纳导引之术，是成套的徒手体操。

为何要将它称之为八段锦呢？

这种体操共分八段，每一段都有一个动作；加之它舒展优美，柔和连绵，有松有紧，动静相兼，气机流畅，骨正筋柔，俨然锦缎般柔顺。所以，便起名为八段锦了。

八段锦是极为科学的徒手体操，被明清人极力推崇，成为日常的体育活动。

扩展阅读

南宋民族英雄文天祥极其嗜棋，儿时，夏日入河，在水中与同伴对弈，没有棋盘，而是在脑中形成对弈的场景，以对话来走棋。成年后，文天祥发明了泉目象棋。

◎契丹人射木兔比赛

耶律阿保机是一个勇猛的契丹人，在成为辽朝的开国皇帝前，他经历了许多惊险而曲折的事。

公元913年，草长莺飞的3月，在最美的春光里，他却遭到了兄弟的反叛。

他的兄弟派人以朝见的名义去见他，实际上是想伺机劫持他。他及时识破了兄弟的阴谋，当机立断，斩杀了来人。来人还率领了1000名骑兵，他也全部收归到自己麾下。接着，他快马加鞭，亲自率兵追击背叛他的兄弟。

他的兄弟还安排了另一支军队，趁他离开可汗大帐后，长驱直入，将他的辎重、庐帐等都烧毁了。他的妻子述律平，是个女中豪杰，带着士兵拼死反抗，等到援兵来后，又派人追赶叛军，但叛军已远，只追回来了象征地位的旗鼓。

4月，阿保机再次带领士兵进攻叛军，将叛军打得落花流水。但他并没有一味穷追猛打，而是稍事休憩。他想，叛军的士卒长期行军打仗，定会思念家乡，等他们士气低落时再出兵，就会不战而胜。

由此，他停下来休整部队。到了5月的时候，他再次发动进攻，叛军士气懈怠，纷纷投降。

虽然叛军被平定了，可契丹其余7个部落中，仍有反叛的声音，他们逼迫阿保机让出可汗的位子。阿保机在深思熟虑后，决定以退为进，交出了大汗的权力。

退位后，他告诉其他部落首领，说自己担任大汗的这些年，有许多汉人下属，他想自己领一部分军队治理汉城。众首领见他退位，不再疑他，便答应了。

阿保机到达领地后，模仿汉人建立汉城，发展盐铁，亲自与汉人一起耕种，使经济得到了保障。他的妻子述律平提出，可趁机实施计谋，东山再起。

这个计谋就是，诱骗众契丹首领前来，聚而杀之。

阿保机完全同意，他派人转告众首领，说自己总是给各部落提供盐铁，久而久之，各部落都把这件事情当成了理所当然，自己和部下应该受到犒劳才对。

众首领听了，觉得很有道理，便带着牛和酒来了。岂料，却中了阿保机的计谋。正当众人吃饱喝足，醉成一摊烂泥时，阿保机率人将众首领一一杀死。

公元916年，在遍杀异己后，阿保机创立契丹国，后改为辽国，他自己登上皇帝位。

阿保机能够成为皇帝，与他学习汉文化有关。因此，在登基后，他仍然积极地吸收汉人的传统文化。

他把汉人三月三的上巳节、九月九的重阳节，都纳为辽国的节日。不过，在吸取汉族文化的同时，他也注意保留契丹民族的特色，如，在上巳节时要射兔，在重阳节时则要射虎。

射兔是契丹人特别在意的活动，它看起来简单，实际上并不容易。

▲手抛剑也是古代体育的一个项目，技术性要求很高

兔子是野外很常见的一种动物，它前腿短小，后腿长大，适合快速奔跑，只有箭术达到一定境界的人才能在策马时射中兔子。契丹人把射兔作为一种特定的习俗，不仅能够锻炼，也能带来愉悦，还寄托着对将来狩猎丰收的

祝愿。

后来，射兔的兔，由真兔子变成了木兔。因为要在宫中操练、游戏，不适合捉一大堆活兔子。

射木兔成为节日里助兴的活动，也是箭术的较量。比赛时，会在指定的地方放木雕的兔子，参赛者分为两组，各自骑马射兔，射中者为胜。输了的人要给胜了的人跪进酒浆，表示祝贺和尊敬。胜者只需骑在马上接过酒盅，一饮而尽就行了。

扩展阅读

元蒙祭祀时，会"射天狼"，也叫射草狗、射天狗，目的是消灾祈福：把草扎成狼形或狗形，用杂色彩缎作为肠胃，射至糜烂后，以羊酒祭之。这也能锻炼骑射。

◎捶丸：古代的高尔夫球

马球的命运，是曲折的。

它自问世起，就饱受争议。主要原因是，儒家大都反感马球。

理由就一条：过于猛烈。

唐朝的马球比赛，是双球门比赛，球门有丈余高，宽两尺，而球很小，很难判断是否射中了球门，由此，便专门在球门前设了裁判。而这名倒霉的裁判，总是遭到马球的袭击。另外，球场长1500米，宽100米，上场人数随意，有时候，一窝蜂地都涌上去了，七手八脚地抢球，在策马疾驰中，便引发了相撞等意外事故。时常有人马俱亡的事情。

儒学家便指出，应该罢黜马球比赛。第一，竞争性过强，不利于培养臣下的品德；第二，人人都想争第一，也会引发以下犯上、违反礼制的事儿；第三，过于猛烈的运动，会危害身体，人亡则兵力弱，国家弱。

儒学家多会"上纲上线"呀。皇帝听了，深受震撼。尤其是，马很昂贵，即便用驴来代替，驴有时也不凑手。有些宫女干脆不骑马也不骑驴，而是徒步马球。

就这样，马球运动受到了极大的压制。

到了宋辽金时，马球运动更受质疑。

对抗赛干脆被取消，简化了运动步骤，只把球门洞设置为直径2尺左右，参赛者光是瞄准球门、射门就可以了。

这样就显得没意思了，而且，非技术高超者，根本不能射进球门。所以，参与者寥寥。

这时候，宋朝人想起唐朝宫女徒步打球，他们便也效仿了。

渐渐地，步打球流行起来了，还有了专业的打球手。

球门还变成了球窝。经过多次尝试，球窝由一个窝改为了几个窝，一种全新的竞技体育出现了。

它被古人称为捶丸。其实，它就是现在高尔夫球的起源。

元代人宁志，著有《锤经》，是古代最为完备的一部体育专业书籍，详细地记载了捶丸的方法、规则、球场、用具、打法和惩罚措施等。

书中称，在广阔的旷野或花园捶丸，每隔30～100米设一个窝；以"基"为起点，参赛选手各选一个"基"，打球后，以进窝的先后顺序得分。

捶丸的球，由硬木制成，轻重都有标准；球棒需自备，有朴棒、杓棒和撺棒3种，打不同类型的球，要选用不同的球棒；杓棒前端尖厚，形似鹰嘴，适合打飞起的高球。

捶丸有3种赛制，大赛以20筹为胜，中赛以15筹为胜，小赛以10筹为胜，个人赛则是每进一窝得一个筹，等全部的球进窝后便开始算分，分高者为胜。

捶丸要慎重，因为有26种动作都算违反规则，而犯规的处罚是：停打一次；或进窝无效；或输一筹；或被撺出球场等。

▼捶丸就是现在的高尔夫球，图为仕女捶丸

捶丸非常重视道德培养，它把道德品质的教育放在很重要的位置，胜负并不重要，重要的是，要"胜负不动于心"，锻炼出真正的修养。

为了在锻炼中修身养性，参赛者不能大声喧哗，不能弄虚作假，更不得使坏，阻止别人打球；打球时，身体要舒张，举止要端庄；心要静定，志要宁适，气要温和，语要简当；不能议论别人，搬弄是非；输了也不准恼怒，赢了也不要骄傲。

可以说，捶丸运动的确称得上是一种修身养性之道。

元明两朝，捶丸盛行，元代散曲家张可久非常迷恋捶丸。

张可久颇有名气，作出的散曲人人喜欢，皇帝也时常吟唱。可是，他的命运却很坎坷，一生奔波于宦海，直到70岁才担任了一个小吏——"昆山县幕僚"，80岁时还是"监税松源"。他终生不得重用，一直过着辛劳苦楚的日子，虽然也有怨气，可他却能"怨而不怒"，表现出一种超人的境界。苦闷时，他以捶丸为乐。无论是"静院春三月"，还是"柳边田地宽，湖山畔"，都留下了他捶丸的身影。

他的性格使捶丸显得更为优雅，捶丸也使他的美好品质更加深入。

他与捶丸，可谓相得益彰。

捶丸将修身养性和体育运动结合在一起，深得士大夫之心。但是，由于捶丸太过高雅，来自野性北方的清朝统治者不喜欢，于是，捶丸静静地消失了。

扩展阅读

隋朝时，室韦族人食兽肉穿兽皮。其所居之地因多积雪，故"骑木而行"。木马形如弹弓，长4尺、宽5寸，系于两足，滑于冰雪中，速度堪比奔马。这是最早的滑雪记载。

◎公主的摔跤擂台赛

元朝来自深山草野，崇尚摔跤运动。在处理财产问题时，都要通过摔跤来解决；而成吉思汗在面对争执时，也以摔跤胜负来解决。

明月公主是海都王的女儿，名叫艾吉阿姆。她则用摔跤来挑选夫婿。

艾吉阿姆不仅有美好的容颜，更有不输给男子的武艺，摔跤功夫堪称一绝。到了选婿的年龄，她坚持要找一个能够在摔跤上胜过自己的男子作为夫君。

在元朝的求婚礼仪中，若男子向女子求婚，必须携带100匹马作为聘礼；若摔跤失败、求婚不成，马匹也要送给女子。

听说艾吉阿姆要摆擂台赛后，很多贵族子弟都牵着马来求婚，但没有一个人能在摔跤上胜过她。艾吉阿姆的帐下，多了10000多匹宝马良驹。

有一天，帕马王子也来求亲。海都王对这位王子很满意，私下里告诉艾吉阿姆，自己愿意择他为婿。

艾吉阿姆不听，执意要进行摔跤比赛。海都王暗暗为王子祈祷，但是，王子还是被艾吉阿姆摔倒在地了。

这个事件反映出，摔跤在古人心中极为重要。

在元朝，蒙古族的"男子三项竞技"包括射箭、骑马和摔跤。这也是"那达慕"大会的主要项目。

成吉思汗时，这三种竞技主要是为了祭天，优胜者会被授予勇士的称号。

清朝统治者是女真族的后裔，女真族盛行"布库"。布库其实就是摔跤。

布库可以锻炼士兵，也可以作为娱乐观赏。八旗军作为清王室的嫡系部队，常常举行布库，失败的人要被罚以

牛羊。这可把八旗士兵吓坏了，都奋发图强，"摔"出了好成绩。

朝廷又成立了善扑营，把八旗士兵中的优胜者都招揽来，在国宴庆典时进行表演，与外宾较量、切磋。

善扑营是因何而成立的呢？

答案与康熙皇帝有关。

康熙是在8岁登基的，由于年龄太小，朝中的一切事务都由议政大臣鳌拜处理。鳌拜专权，飞扬跋扈，康熙15岁时终于忍无可忍了。他决定除掉鳌拜，夺回政权。

深思熟虑之后，康熙想出了一个主意。他在宫里挑选了很多身强体壮的小内监，让他们每日练习摔跤。鳌拜以为这是小孩子玩耍，没有在意。

▲《内人双陆图》，双陆也是一种棋，属娱乐体育

一天天过去了，小内监们的摔跤水平越来越高。一天，鳌拜到皇宫中面见皇帝，康熙向小内监们使了个眼色。刹那之间，这些小小摔跤手一拥而上，将勇武无比的鳌拜擒获了，并将他杀死。

康熙顺利夺回了皇权。由于摔跤功不可没，康熙便成立了善扑营。

善扑营中，摔跤手要穿一种特制的衣服：由白布制成，短衫窄袖，名为"褡裢"。

之所以穿这种衣服，是因为摔跤很激烈，衣服容易在撕扯中被损坏，所以，裁缝才缝制了褡裢，将衣领和前襟用七八层布叠成，又用千针万线把它缝得十分结实，这才经得起撕扯。

扩展阅读

唐朝出现了溜冰运动。回鹘人居住在千里冰川的北方，踩踏木板滑行，以便快速地追赶野鹿。突厥的一些部落也如此滑驰冰上，转眼间，便溜冰百步，势头迅急。

第七章

明清体育的嬗变

作为我国封建历史上由汉人统治的最后一个王朝，明朝的体育运动多由宋代发展而来。武术、围棋、秋千、风筝、摔跤等游戏在当时十分盛行。再加上宋明理学的发展，明代的体育和阴阳、哲学结合在了一起，形成了独特的体育流派。而清代则在明代基础上，有所创新和发展。

◎豹房里的"体育健将"

明武宗朱厚照自小好学有礼，格外聪颖，什么东西都是一教就会。可这么一个很可能成为好皇帝的孩子，却因为身边太监们的诱惑而败坏了命途。

以刘瑾为首的太监为了巴结他，每天都会给他带一些有趣的玩具，又常常组织好玩的体育运动，让他沉溺其中，不可自拔。

在刘瑾的怂恿下，明武宗又兴建了豹房。从此以后，他每日出入在豹房中，再也没有回过国家统治中心——紫禁城。

豹房有紫禁城的四分之一大，相当于一座奢华的大城镇，内有几百间房屋，富丽堂皇。一个城市该有的东西里面都有，街道纵横，各行各业皆各司其职，又有大量商肆街市，其中的角色都是由宫内侍卫扮演，皇帝每日都扮演不同的人，但他最喜欢扮演的角色是商贾。

明武宗最爱看筋斗百戏，因此，豹房中还有专门的百戏演员，常表演给他看。

明武宗没有太多的等级观念，待人很平等，做事也很开放，每次体育表演开始后，他都激动得坐立不安，让宫女、太监、侍卫都过来观看。密密麻麻的人随随便便坐在一起，他兴奋地和众人大嚷大叫。

第一个上场的，总是明武宗最偏爱的西域人，他们表演擒拿术。

接着上场的，基本上是一对蒙古人，他们表演摔跤。

这些体育健儿，名义上是驯豹勇士、养豹能手，实际上是明武宗的贴身侍卫。他们都是内廷禁卫军中身手不凡的精英，行动比老虎还猛烈，比老鹰还迅捷。

明武宗对角抵的喜爱，使他荒废了朝政，但同时也使

▲明武宗朱厚照沉溺于军事体育活动，图为明武宗像

▲倒立、角抵、摔跤等，在古代都属于百戏范畴，明朝时依旧盛行

这一时期的军事力量得到了提升。

角抵在明朝军队里，是一种重要的练兵手段。根据南北方人体质的不同，还产生了不同的摔法。一般来说，来自北方的士兵在力量上更胜一筹，而来自南方的士兵则往往善于灵巧地周旋。

明末时，一个叫陈元赟的人，独自研究出一套新的摔跤术，给摔跤史增添了辉煌的一页。

陈元赟在27岁时，进入少林寺学习武术，擅长少林五拳及摔跤之术。后来，他为了躲避战乱，东渡到日本，把中国的拳术和摔跤技艺也带到了日本。

他一直想开创一种有特色的摔跤，有一天，他清晨起来，推门而出，看到满地积雪，几株小草瑟瑟发抖，却韧而不倒。他大受启发，决定在传统的摔跤术中，融入"柔"的因素，使其更加适合锻炼。

就这样，他创造出了日本柔道，成为柔道的鼻祖。

扩展阅读

明朝走江湖者常携带掌旋球，可作为暗器掷出；内装音板或小球丸，为"胆"。"胆"有阴阳，阳胆声清，阴胆音浊，球也被分为雌球、雄球，符合阴阳互补的文化。

◎ 少林和尚用武术抗日救国

明朝海防松弛，沿海卫所的战船、哨船，只剩下20%能够使用，就连水军也只剩下40%，还十分弱小，卫所如同虚设，给日本倭寇带来了可趁之机。

倭寇乘船而来，登陆后，在沿海地区肆意抢杀，甚至发生了离奇事件——有67个倭寇大摇大摆地行走了几千里，竟然杀伤千人，无人敢阻拦。

这大大地震惊了明王朝，明政府开始各地征兵，连少林僧军都征召了。而少林僧军，则是其中最为骁勇善战的一支队伍。

少林僧兵一共有100多人。这些僧人接受诏令，到达杭州抵御倭寇。杭州的明军将领对和尚们表示质疑，便举行了一次比试来考察。

▲武术博大精深，是体育项目的一种

明军在暗中埋伏下了8名武术高手，然后，邀请高僧孤舟来赴宴。孤舟不知就里，按时而来。结果，趁他不注意，8个埋伏着的人突然手持棍棒从一旁跳了出来，对着他便是一阵乱击。

孤舟不紧不慢，先用袖子缠住一个人的棍子，趁机将棍子夺走，当作自己的武器。然后，他手持棍子与8个人相战。不一会儿，8个人就不敌而败了。

孤舟的武艺如此之高，让一旁的将领看得瞠目结舌，终于相信了少林僧人的超凡战斗力。

公元1553年，杭州又遭到了倭寇的进攻，少林僧人天

真和天池带领40多名僧兵出来迎敌，一举打败了倭寇。

这场战役是僧兵们对敌的第一次战役，也是首胜。

之后，天员和月空，各自率领一支僧兵队伍，参加了多次战役，将倭寇打得屁滚尿流。

倭寇总是在夜里偷袭明军，他们以长而窄、轻便而灵活的倭刀作为武器，极其适合单人格斗。少林僧军针对这种情况，选择了钢棍作为武器，恰好可以抵挡倭刀。

僧兵团不同于明朝的其他部队，他们不带辎重，不设营房，不建工事，游走不定，灵活多变，寺庙和民房是他们常居住的地方。正因如此，想要杀掉僧兵的倭寇，总是无所适从，因为掌握不了僧兵的动向，无法进行偷袭，反倒总被僧兵袭击。

僧兵人数很少，而倭寇的数量远远多于他们，但发生战斗后大都是僧兵取胜。僧兵牺牲了几十人，倭寇则死去了几千人。

倭寇由此分外恐惧，都怯于与僧兵交手，见到僧兵，就慌忙躲避。这种士气的衰落，使得他们连对明军的偷袭也减少了。

僧兵团的余威，还使戚家军也得到了保护。

除了力战倭寇，少林僧人还将对抗倭寇的专用格斗技巧教给明军，并创造了"狼筅"这种专门对付倭寇的武器。这样一来，明军在近距离战斗上，由以前的劣势转变为了优势。

一日，僧兵与倭寇发生遭遇战，倭寇众多，僧兵极少，虽然勇猛，但寡不敌众。天真、天池、月空等僧人苦苦抵抗，却不幸全部牺牲。

之后，少林寺又先后派出几批僧人与倭寇作战。这些僧人怀着深深的爱国之情，英勇对敌，不惧流血，无畏死亡，使少林寺名声大振。

少林寺始建于北魏，地处河南五乳峰下。在南北朝时，河南地区发生南北方民族混战，战火常常波及少林寺。为了保护寺庙和僧人的安全，少林寺不得不建立了武装僧兵。

隋朝末年，爆发了起义，少林寺正好处于唐王李渊和郑王王世充交战的中间地带，战火不断。少林寺僧人在深思熟虑之后，决定投靠唐王，帮助唐王进行了战斗。传说中的"十三棍僧救唐王"，就来源于此。

唐朝建立后，因少林寺立有功劳，朝廷便赐予它继续保持武装僧兵的特权。

明朝时，少林寺因抗击倭寇，达到了鼎盛时期。

清朝时，少林寺拳法得到了真正的大发展。但由于一些反清复明的人士，总是打着少林寺的旗号，号召练习武术，清朝统治者对少林寺非常戒备，时刻监视少林寺的动向。雍正皇帝甚至下令，禁止僧人使用拳棒。

从此以后，少林寺不得不改头换面。以练武著称的少林寺最终以导引术代替了武术。

在古代传统体育项目中，有武术、打拳、使用兵器。其中，拳类大致分三类：一种是长拳，包括查拳、华拳、红拳、炮锤、翻子、少林拳等；一种是南拳，它重心低，下肢稳固，有"一手多势"的优势；一种是形意拳，又叫心意拳、六合拳，模仿虎的勇猛、猴的灵敏、熊的稳固、鹰的快捷等。

为增强体质，敏健手足，古人常以练习拳术作为基础，然后再学兵器，这样就更容易了。

扩展阅读

汉朝称职业蹴鞠者为"蹴鞠客"；唐朝称蹴鞠艺伎、蹴鞠供奉；宋朝称"筑球军""祗应人"；民间的职业蹴鞠者被称为"闲人"，他们通过陪伴富贵子弟踢球谋生。

◎登山冠军徐霞客

古代的很多诗人都喜欢登高望远，诗仙李白写有"昨日登高里，今朝再举觞"；同样是唐代诗人的杜甫，也曾写过"万里悲秋常作客，百年多病独登台"的诗句。

徐霞客是明朝的探险家、地理学家，也是一位登高冠军。

徐霞客的祖上都是读书人，父亲爱好游览河山，不愿为官。受到父亲的影响，他从小就喜欢研读关于历史、地理、探险和游记的书籍。这些书带给他的震撼十分之深，他被深深吸引，立志长大后要游遍名山大川。

徐霞客的父亲在他19岁那年去世了，他母亲觉得，他已经成年可以独当一面了，便鼓励他，男儿志在四方，你出去游历吧，增长自己的见识。

徐霞客高兴极了，收拾行装，告别母亲，踏上了远方。

从22岁远行到54岁去世，徐霞客都是在考察中度过的。

大半个中国都留下了徐霞客的足迹，他的考察主要靠双脚走路，连马车和船都很少坐。他不避风雨，不怕虎狼；走过的地方要么是荒凉的穷乡僻壤，要么是人迹罕至的边地；饿了就吃野果，渴了就喝清泉。

在他28岁的时候，他来到温州攀登雁荡山。他记得，古书上记载，雁荡山顶有一个大湖，他想登山看看记载是不是事实。

他费尽千辛万苦，总算爬到了山顶，可只看见了笔直的山脊，几乎连下脚的地方都没有，压根没有湖的踪迹。

他感到很疑惑，但没有打退堂鼓，而是又艰难地爬到了一个大悬崖上。但是，前方路已经没有了。

他仔细观察地形，忽然发现，在悬崖下面，还有一个

▲登高这种体育形式备受古人青睐，图为登黄山观鸣弦泉

小小的平台。那里能有什么呢？

他突发奇想，要跳到平台上去。怎么跳呢？

他将一条长长的布带系在悬崖顶的一块岩石上，然后抓住布条悬空滑下，等到他终于到了平台上，凝神一看，下面竟是百丈深的山壑，令人头晕目眩。

既然无路可下，他只好按原路返回。他抓住布带，用脚蹬悬崖，用尽全力向上爬。不料，他爬着爬着，布带猛地断开，他出于本能，抓住了一块突起的石头，总算没有掉下悬崖。

依靠着岩石，他长吁一口气，定了定神，将带子重新接好，再度艰难地攀登，终于回到了崖顶。

这种惊险的事情发生了不止一次两次。有一次，他去考察黄山时，恰遇大雪。当地人劝他，不要在雪天上山，因为山上被积雪覆盖，有的地方深至齐腰，根本看不到路，稍有不慎就可能发生意外。

徐霞客是一个不到黄河不死心的人，他谢过当地人后，毅然上山。为了找到上山的路，他找了一根铁杖，在雪深的地方用其探路。有的地方，冰结得很厚，又陡又滑，很难攀登，后脚踩上去前脚就滑下来了，极易滑到悬崖下。徐霞客便用铁杖将冰凿裂，弄出一个个小坑，一步一步艰难地向上爬。

历经百般艰难，他终于爬到了山顶。

岂料，山顶上还有一群僧人，他们被大雪围困了好几个月，见山下猛地爬上来一个人，吓了一跳，又都十分惊奇和佩服。

大王峰的百丈危梯、白云岩的千仞绝壁、接笋峰的"鸡胸""龙脊"，是武夷山的三条险径，常人难以逾越，而徐霞客却明知山有虎偏向虎山行，毅然攀登了这几个地方。

他登上大王峰的时候，太阳已经快要落山了，暮色浓

重，道路被掩盖了。他干脆用手抓住荆棘"乱坠而下"。

他攀登中岳嵩山的时候，从太室绝顶上下来时，也是用了这种胡乱下坠的方法。

公元1636年，徐霞客51岁，前往云南。在湘江，他遇到了强盗，行李和旅费被洗劫一空，人也差点儿丧命。有人劝他不要再继续向前了，他却说："我带着一把铁锹，在哪里都可以埋葬我的尸骨！"他毅然向前，毫不惧怕。

经过多年的探险和考察，徐霞客在地理学上创造了卓越的成就，在水文、地质、植物等方面，留下了大量科学的理论成果。

除此之外，他作为一个名副其实的登山冠军，也赢得了尊重。

登山，是一种流行的古代体育运动，它来自古人生产劳动的实践。

远古时候，洪水泛滥，原始人为躲避水患，向高山奔跑、攀登。

山顶的物质资源丰富，原始人在那里折枝为柴、打猎采果，便利了生产和生活。

当部落间发生争夺和战争后，原始人为了躲避敌人或打击敌人，也会登到山上，灵活应付。

赶着马匹、翻过山岭，又让古人见到了更广阔的世界。在与外族人的接触和交易中，文化得到了交流。

古人对登山的感情是非常深厚的，因为登山见证了他们的生存。因此，登山也作为一种传统习俗，代代流传。每年9月9日重阳节，古人便会登高望远，采菊对友，既愉悦，又能锻炼。

文人最喜欢登山，千古名句"会当凌绝顶，一览众山小"，就是登泰山所得。

到了18世纪末，登山成为了一项专门的体育运动。它分为健身性登山、竞技攀登（包括攀岩、攀冰等）、登山探险（高山探险）三类。有意思的是，徐霞客的登山运动，把这三类全都包括了。

> ❧ **扩展阅读** ❧
>
> 　　明代儿童常跳百索。这种体育活动很简单，由两个小孩拉着丈余长的绳索摇摆，恰似百条绳索；然后，其他小孩轮跳绳间，被绊倒者为输，要听任掌绳者的处罚。

◎毽子促进古代足球消亡

在遥远的北魏，毽子就出现了。

少林寺的第一代主持是印度高僧佛陀，有一次，他去洛阳游历，看到高高的井栏上站着一个小和尚，只有12岁，灵巧地踢着毽子，一口气竟踢了200多个。

高僧很吃惊，因为井栏高而窄，在上面踢毽难度很大，也很危险，而小和尚竟然运动自如。他觉得小和尚非常不凡，便收他做了弟子。这个小和尚就是后来十分有名的慧光大师。

北魏的毽子和现在的毽子不同，是用铜钱制成的，而现在的毽子是鸡毛制成的。仅是重量，就区别很大。

宋朝时，鸡毛毽子第一次露面了。小孩尤其迷恋，无师自通地发明出很多有趣的踢法。他们三五成群地一边走一边踢，一会儿外拐，一会儿拖抢，一会儿耸肩踢，一会儿用膝盖踢，一会儿鼓着肚子踢，一会儿用脑袋踢，不一而足，百般花样，让人目不暇接。

这些踢法中，有一些本是蹴鞠动作，被人吸收到踢毽运动中了。

宋朝还有专门制作毽子的手工作坊，更有毽子专卖店，可见毽子的风头是多盛了。

明清时，女子也热衷于踢毽子。

秋冬季节，女子聚在一起"撦花"，即踢毽子，三五个人轮流踢。由于她们常年受礼教束缚，缺少自由，所以，一旦踢上了毽子便忘记了时间，不愿回家。

在毽子的浪潮下，蹴鞠逐渐衰落了。

蹴鞠的衰落还与朝廷的管制有关。朝廷下令，但凡有军人学唱，就要割去舌头；有军人下棋、打双陆，就要剁断双手；有军人蹴鞠，就要被卸掉双脚……

▲毽子深受儿童欢迎，它促进了蹴鞠的消亡

如此可怕恐怖的规定，是为了防止军人沉溺于游戏而丧失了军人的气魄。

起初，有的军人还不大相信，抱着侥幸去蹴鞠了。哪知惹祸上身，不仅右脚被切掉，全家都被发配到偏远的云南。

另外，由于宋明理学本来对蹴鞠就很反对，到清朝又有不少恶少还经常赌球，致使蹴鞠的娱乐价值也渐渐降低。当踢毽子席卷而来后，蹴鞠这项流传了千年的足球运动彻底消失在历史的长河中了。

毽子是导致蹴鞠消亡的一个重要原因。但踢毽子也能玩出蹴鞠的花样。

制作毽子也很简单，很省钱，只向花冠鸡"借"几根尾毛就行了。然后，从缝纫的篾底翻出一个铜钱，用废旧的布头裹好，固定住鸡毛，就得了一个赛过蹴鞠、弹棋的毽子来了。而且，"盈盈态"，非常可爱。

清朝时有职业踢毽者，他们叫作"市井人"，有的是绝活儿。踢毽子时，可手舞足蹈，身姿时刻变化，"若首若面，若背若胸，团转相击，随其高下，动合机宜，不致坠落，亦博戏中之绝技"。

现在，踢毽已有专门的比赛规则。参加者隔着网将毽子踢来踢去，能表演很多高难度的动作，锻炼了协调性和灵活性。

扩展阅读

明朝有打髀石活动，也称"玩羊拐"，玩具由羊膝盖的轮骨制成。明朝人是如何进行这种活动的已经难以考证；现在只有"弹"和"抓"两种方式。北方乡村仍盛行。

◎柔化了的太极拳

明朝，有一个有名的道士，他就是张三丰。他将内功的行气法，结合以武术，创立了内家拳派，即现在的武当派。

内家拳非常神秘，不仅要懂内功，还要学会点穴，所谓"搏人皆以其穴，死穴，晕穴，哑穴"。一旦掌握了这些精髓，便能以静制动，后发制人。

鄞县人张松溪很向往，他苦练内家拳，想达到至高的境界。他果然做到了。

但他不以武功欺人，为人更加文雅，就如没有习过武的书生一般。

一次，一个少林寺僧人听闻张松溪的大名，专门赶到鄞县，想要跟他过招比武。张松溪含蓄低调，没有接受，到处躲着那僧人。

一日，少林僧人在酒楼上较量拳脚，张松溪正巧路过瞧见，不禁笑起来。僧人定睛一看，眼前正是自己苦苦寻找的人，于是，又要求比试。

张松溪百般拒绝，但僧人还是纠缠，最后，张松溪只好答应了。

比试开始后，张松溪站在原地一动不动。僧人观望了一会儿，见张松溪什么动作都没有，便耐不住性子了，忽地跳跃过来，用脚出击。张松溪稍微侧过身子，举手一送，只见僧人如飞丸般腾空，坠落到楼下，险些毙命。

围观者看了，惊骇服气，这才明白，这就是内家拳派中后发制人的精髓所在。

河南人陈王庭原本是个将军，退役后，也开始研究内家拳法，并在内家拳的基础上，创造出了一套太极拳。

这套拳法是为了防身，而不是进攻。在对敌时，借力打力，即"任他巨力来打我，牵动四两拨千斤"。

▲《太极图》显示古代对太极的兴趣

经过几代人的传承和发展，太极拳在乾隆年间被河北人杨露禅推到了巅峰。

杨露禅家境贫寒，迫于生计，外出做工，在一间中药铺里当杂役。药铺掌柜姓陈，见他认真勤恳，颇赏识他，把他派到家乡陈家沟的家中做事。巧的是，杨露禅到达陈家沟后，正好遇到陈氏家族中陈长兴在收徒授拳法。好武的杨露禅很羡慕。他知道禁忌偷师，但还是忍不住偷偷观看，并记下招式，没人时大加练习。

他偷学武功的事情，被陈长兴发现了。陈长兴见他是一个可造之材，便摒弃了门户之见和江湖禁忌，准许他在空余时学习太极拳。

学成后，杨露禅来到北京，在八旗营中当专业的拳师。

八旗营中盛行八段锦和易筋经，八旗弟子因生活奢侈不愿吃苦锻炼，所以，杨露禅的太极拳很难被接受。

杨露禅冥思苦想，不断尝试，最终将导引之术加入到了太极拳中，把太极拳中刚劲的高难度动作简单柔和化，使它柔中透刚，刚柔并济，既能防身，又能健体。

这下，便适应了八旗子弟的口味，太极拳几乎一夜间就走红了。

时至今日，太极拳作为一项正式的体育运动，已经走出中国、走向了世界。

它集行气、导引、武术于一身，兼具中国传统的"形神相亲"的养生特点，深受全球人的喜爱。它在广泛流传中，也不断形成多个流派，像一棵大树一样开枝散叶。

扩展阅读

明朝蹴鞠游戏，1人踢为滚弄；2人踢为白打；3人踢为小场；4人踢为下火；5人踢为小出尖；6人踢为大出尖；7人踢为落花流水；8人踢为凉伞儿；9人踢为踢花心；10人踢为全场。

◎古代第一场雪上运动会

北方的冬天，鹅毛大雪漫天飞舞。厚厚的雪层，能淹没马背。这个时候，古人如何出行呢？

这可难不倒聪明的古人，为了在大雪封山的天气也能出门，他们想出了很多奇巧的方法，其中之一便是：脚踏木板在雪上行走。

木板疾驰在冰雪之上，即便摔在积雪上，也如摔到棉被上，一点儿也不疼。

唐朝时，在额尔古纳河至阿尔泰山一带的古人，在腋下支以木杖，从而在冰上滑行，也非常快速、安全。

到宋朝时，这种冰雪上滑行的运动，越来越多。它的作用，也从便利交通方面，转化为精神娱乐。

宋朝人将被褥之类的松软暖和的东西垫在木板上，再将木板放在冰上，几个人坐上去，由另一个人拉着滑行，十分快意。

这种冰上运动，叫作"凌床""冰床"或"拖床"；又因为它是从北方少数民族那里演变过来的，也称"胡床"。

皇帝也对它情有独钟，在天寒地冻时，常在宫中"观花，作冰嬉"。

历史进入明朝后，冰嬉成为宫廷中特有的体育活动。下雪结冰时，在北京积水潭，贵族子弟总是在那里拽冰床。他们会将10多张冰床连在一起，在上面饮酒取乐，下人则拖着冰床在冰面上快速奔跑。

▼寒冷的北方冬天，风雪覆盖世界

清朝的统治者是女真族的后裔。女真族生活在东北地区，冬天时天气寒冷，各处都是冰雪，所以，他们擅长滑雪滑冰。清朝统治者也继承了这一传统，这使冰上运动达到了顶峰。

清朝大将费古烈在南征北战时，还建立了一支善于滑冰的"特种部队"。

那是在墨根城战役中。当时，蒙古的巴尔虎特部落突袭墨根城，墨根城眼看着就要被占领了，努尔哈赤急忙给费古烈送信，让他速去支援。

费古烈还在很远的战场上征战，加之天寒地冻，大江都结了冰，马匹跑不快，这让他心急如焚。

怎么办呢？

城池即将失守，必须赶快回去才行啊。费古烈苦苦思索着。

终于，他想出了一个好办法。他让士兵都换上冰鞋，并用爬犁拉着火炮，在嫩江的冰面上疾驰。就这样，700里的路程，竟然只用了一天一夜。

当费古烈的"特种部队"赶到时，墨根城已到了崩溃的边缘，费古烈急忙带兵杀入重围，解了破城之患。

▼浩大的冰嬉场面

清朝建都后，仍没有丢弃冰上运动的习俗，朝廷甚至创立了在冬至日滑冰的制度，并正式命名为"冰嬉"。

乾隆皇帝执政时，举行了一次规模盛大的冰嬉活动。

在这场冰雪运动会中，八旗、前锋统领、护军统领都各选了200人参加，一共有2000人，浩浩荡荡，极其壮观。

冰嬉运动里有3项竞技。

速滑是第一项，又称"抢等"。将一个大旗子竖在皇帝的冰床附近，参赛者在1000多米外的长绳处做准备。长绳相当于现在的起跑线。当铃响绳松时，参赛者便快速疾驰。到达终点的头三名，皆有赏银。

花样滑冰是第二项，又称"走对"。将旌门设在冰上，门上悬一个球，参赛者手持弓箭，盘旋滑行，在距离几十步远的地方拉弓射箭，射中球者为胜。

冰球是第三项，即在冰上踢足球。分为两队，每队各几十人。球为皮革制成，开赛时先把球抛到空中，等球落地后便开始抢夺。谁将球控制的时间最长，谁就胜出。

乾隆亲临运动场检阅，还写下一首《冰嬉赋》，说冰上踢足球类似于黄帝练兵时的蹴鞠。

除了这三项运动，还有很多杂技表演。它们都与滑冰相结合，如在冰上爬杆、盘杠、耍刀、弄幡、飞叉、舞龙舞狮、跑旱船等。

清朝的冰上运动，因为统治者的疑虑，很少被应用到军事中，但它的娱乐性却得到了前所未有的放大。

清朝人还在冰床的木板下，钉上铁条，这样就能使行进速度更快了。

一种名叫"打滑挞"的运动，也流行起来了。每当滴水成冰的严寒时节，清朝人就会把水倒在地上，形成高而滑的冰堆；然后，穿上带着野猪毛的皮靴挺着身子从上面滑下来。这种活动，需要极高的平衡能力，不摔倒者为胜。

单冰刀、双冰刀的冰鞋，也问世了。清朝的冰刀和现

▲清朝冰嬉运动，热闹非凡

在的冰刀有些许区别。清朝的冰刀要更短一些，后跟的一部分没有冰刀，依靠鞋后跟触地来控制滑行，起"刹车"的作用。

⟨ 扩展阅读 ⟩

宋朝人抛接稻草扎成的小球，作为游戏；元朝时，哆毽出现，它由古人插秧时一抛一接的动作演化而来，是用手来拍毽子。今天，它发展成正规的体育运动，叫毽球。

◎黑与白的对弈

清初，统治者总是忧心忡忡。为什么呢?

因为他们担心民众的体质增强后，会起来造反。这种担心，让他们睡不好、吃不香。

他们便开始限制锻炼身体的竞技活动。这使得许多传统体育竞技都无声地消失了。

但智力游戏并没有此等限制，如围棋、象棋等娱乐体育，都得到了发展。

周懒予是清朝的著名棋手，他的祖父下得一手好棋，他在祖父的熏陶下，从五六岁就开始观棋、悟棋，学到了攻守应变之法。等到他成为少年时，已经精通棋艺，小有名气。

许多人都慕名而来，出钱召请高手来与周懒予对弈。但最终都是以周懒予胜利而告终。

周懒予下棋时，镇定自若，淡泊如水。当对方握子思考时，他便埋头读书；等到对方下子后，他再把头抬起来下一子，接着又继续看书。一局完了，对方往往汗流浃背，他仍从容淡定。

周懒予棋艺高超，读书不影响他对整盘棋局细致入微的观察。有时候，一局才过半，他便说对方将会输几路。待到结束时核对，多半和他说的相差无几。

过百龄也是一位著名棋手。他至晚年时，还没有遇到过能与他相抗的对手，直到周懒予出现后。

周懒予很年轻，精力充沛，棋风锐利。二人交手后，围观者挤得密不透风。二人各有胜负，但周懒予渐占上风。这就是著名的"过周十局"。

周懒予并不骄傲自满，反而恭敬、谦和，非常尊重过百龄。在最开始与过百龄对弈的时候，他就出于尊敬，而几次不肯下对子。当他的棋力超过了过百龄后，他仍旧十分谦逊。别人问他，棋艺是否达到顶峰？他回答，每次弈后，都能看到自己的不当之处，离顶峰还差得很远，还要努力学习。

有一次，周懒予受邀去参加棋艺比赛。由于周懒予名气太大，盖过了其他所有选手，其他选手便想联合力量一起对付他。比赛开始之后，10多名棋手轮流与周懒予下棋，采取车轮战术。10多天过后，他们下过的棋局数不胜数，但周懒予没有输过一场。

与周懒予对弈的还有周东侯和汪汉年，这两位后起之秀棋力强劲，对弈之时，都使出全力。虽然周懒予胜了，但每局胜负都在"几微毫发之间"，可见这种对弈有多激烈。

出身贫寒的周懒予，依靠下棋赚到了很多钱。但他很爱赌博，常常把钱输光，最后两手空荡荡地回乡了。

轻巧玲珑，变化多端，处处争取先机，是周懒予的棋风。他"宁输数子，不失一先"。他的思想，对后世影响很深，他喜用的"双飞燕"法至今仍经久不衰。

清代时，还有一股围棋热浪是由一个叫黄龙士的人掀起的。

黄龙士的棋艺达到了超凡的地步，被称为清朝三大国手之一。而且，他诲人不倦。

徐星友是浙江钱塘人，40岁开始学棋，为了下好棋，他三年足不出户，连楼都没下过，一心钻研。后来，徐星友请求黄龙士给他一些教导。黄龙士比徐星友年轻很多，他非常感动，对徐星友的毅力也非常佩服，便大力相助，共同研究黑与白的对弈。

黄龙士在指点徐星友时，先让棋，让3子，接着，又让2子。当徐星友能够抗衡时，黄龙士反倒让徐星友让他3子下10局。这个独特的方法，迫使徐星友激发出潜能，冥思

▲ 对弈是古代女子迷恋的活动，图中仕女在思考如何落子

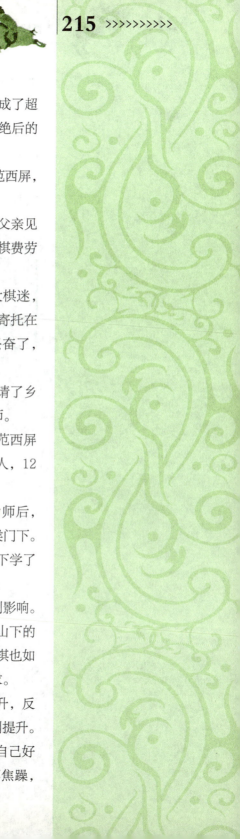

苦想出新的棋路和布局来。

就这样，在黄龙士的"逼迫"之下，徐星友也成了超凡的棋手。而他们之间所下的10局棋，也成为空前绝后的不朽传奇，被称为"备泪篇"。

乾隆时，还有两大围棋国手，他们是施襄夏和范西屏，二人是同乡。

施襄夏幼时体弱多病，他对围棋感兴趣，但他父亲见他身体不好，恐怕他劳累，便说学琴更优雅，而学棋费劳身心，不要下棋了。

范西屏比施襄夏大一岁，范西屏的父亲是个大棋迷，奈何天资不高，总是没有太大长进，于是便将希望寄托在儿子身上。范西屏3岁时就被他父亲教得见棋就兴奋了，还能咿咿呀呀地对着棋盘指手画脚。

见儿子如此聪颖，范西屏的父亲十分高兴，便请了乡里的名手教他。没过多久范西屏的棋力便超过了老师。

山阴还有一个名棋手叫俞长侯，棋力至三品。范西屏的父亲又把他送到俞长侯那里学习。范西屏天资过人，12岁时竟与俞长侯齐名了。

施襄夏一心好棋，在听说范西屏拜了俞长侯为师后，羡慕不已。他父亲拗不过他，便也将他送到了俞长侯门下。

施襄夏也是一个极其聪慧的人，他在俞长侯手下学了一年，便能与范西屏争个高下了。

在施襄夏的一生中，还有一个人给他带来了深刻影响。他在23岁游砚山时，偶遇棋手梁魏今。梁魏今指着山下的清流问施襄夏，是否体会到其中的奥义了，并说下棋也如水流，该走就走，该停就停，要顺其自然，不能强求。

梁魏今提醒施襄夏，他这几年太追求棋艺的提升，反倒有些过犹不及了，因此，他的棋艺并没有真正得到提升。

可谓一语道破梦中人，施襄夏猛地醒悟，明白自己好高骛远，误入了歧途。此后，他开始潜心学棋，不焦躁，不怨愤，自然而然，最终成为了一代围棋大师。

范西屏在16岁时成为国手，名动天下，文学家袁枚赞他是围棋中的圣人。后来，施襄夏也不负众望，追上了范西屏。由于二人都是海昌人，世人称他们为"海昌二妙"。

乾隆四年，有人邀请二人授棋，之后，二人第一次正式对弈，下了闻名天下的"当湖十局"。这10局棋，耗尽了二人的心思，下得惊天动地，成为世之绝响。

扩展阅读

放空钟是明朝流行的体育活动，与现在的抖空竹差不多。空钟在空中飞快转动，发出像钟鸣一样的声音。这种游戏后来成为一种表演，清朝时在庙会中可以看到。

◎ 从竖蜻蜓开始

人类的天性中，潜藏着一种体育本能，那就是：翻筋斗或竖蜻蜓。

遇到高兴的事儿或悲伤的事儿时，一些人会亲不自禁地翻几个筋斗，或是在地上倒立行走。这并不是精神错乱，而是本能地抒发心中的情绪。

在原始丛林中，古人为表达内心的思想，在岩壁上作画，画中就有倒立和叠罗汉。

杂技、体操就此萌芽了。

春秋战国时，许多人已经能够做出更加惊险的动作。宋国贵族宋元君某日宴请，席间，有一个叫兰子的人表演了踩高跷和手抛剑，众人皆悦，大赞。

宋元君见兰子调节了气氛，表演又好看，便赏赐给兰子许多财物。

手抛剑是一种危险的绝技，还有一种手抛石丸的表演，也需要非凡的功力。而功力高深者，竟然能同时抛接7~8个石丸。

楚国的熊宜僚，是个抛石丸能手。

有一次，楚国令尹子西和白公胜家族发生械斗，打得难解难分。眼见着更大的流血牺牲就要出现了，熊宜僚从人群中跑出来。他摸出9个石丸，抛起来。石丸不停地飞起、落下，宛然绝妙。打斗的人渐渐被吸引，不一会儿，竟然都忘记了是在战斗，干脆放下武器观看起来。

就这样，通过熊宜僚的另类调解，这场争斗不了了之了。

汉朝时，杂技和体操都得到了很大发展。

抛接大车轮、手抛丸、手抛剑、双人走索、顶杆爬杆、戏车、钻火圈、手翻筋斗、空翻筋斗等，数不胜数，花样繁多。

倒立最耐看，不同的表演者有不同的表演方式。有

▲竖蜻蜓是人的本能里潜藏的体育活动

的在地上倒立，有的在器具上倒立，有的在叠案上倒立，有的在樽上倒立，有的在顶杆上倒立，有的在戏车上倒立……

在戏车上的倒立最难，它代表了汉朝杂技表演的最高水平。

唐朝时，杂技中的杰作有顶杆。

有一个叫王大娘的人，能将一根百尺长杆顶在头上，杆顶上居然还搭着一个特制的小舞台，小舞台有一个小童在表演歌舞。

这个表演，每次都让人看得胆战心惊，紧张得不敢喘大气，但又不得不佩服。

明清时，在徒手表演之外，又出现了使用器械的表演。比如皮条，或者杠子。

皮条是一种工具，一人表演可以，多人表演亦可。表演时，表演者可做悬垂表演，就像寒鸭浮水一样，又像空卧一样，静止无声，极其神妙；也有活动性表演，如回环、转肩、突下等。

杠子也是一种工具。这种表演有三把功：杠上的动作称为上把；围绕杠子做回环动作称为中把；杠下悬垂和下法称为下把。

德国的杨氏被誉为现代器械体操之父，因为他在1812年创造了单杠、双杠和木马等体操用具。其实，在他之前，单杠和类似于吊环等用具，已经出现在了中国的杂技中。

图书在版编目（CIP）数据

体育知多少 / 鲍志萍著. --哈尔滨：黑龙江
教育出版社，2014.3
ISBN 978-7-5316-7353-8

Ⅰ.①体… Ⅱ.①鲍… Ⅲ.①体育运动史－中国－青少年读物
Ⅳ.①G812.9-49

中国版本图书馆CIP数据核字（2014）第059089号

体育知多少

TIYU ZHI DUOSHAO

作　　者	鲍志萍	
选题策划	彭剑飞	
责任编辑	宋舒白　彭剑飞	
装帧设计	琥珀视觉	
责任校对	周维继	

出版发行	黑龙江教育出版社（哈尔滨市南岗区花园街 158 号）
印　　刷	北京彩晔彩色印刷有限公司
新浪微博	http://weibo.com/longjiaoshe
公众微信	heilongjiangjiaoyu
E-mail	heilongjiangjiaoyu@126.com

开　　本	700×1000　1/16
印　　张	14.5
字　　数	168千字
版　　次	2014年7月第1版　2014年7月第1次印刷
书　　号	ISBN 978-7-5316-7353-8
定　　价	28.00元